キャリア支援者 人事パーソンのための

未来を拓く

キャリア支援入門

キャリア心理学研究所 サード・エイジ ラボ
宮城まり子 小山裕司

生産性出版

はじめに　社員1人ひとりと会社・組織をつなごう

人事の仕事に何らかのカタチで関わる皆さん、こんにちは。この本を手にとってくださったのですから、「CHRO（Chief Human Resource Officer、最高人事責任者）」といった役職を導入したり、「HRBP（Human Resource Business Partner、人事ビジネスパートナー）」の機能を意識した人事組織の体制に変更している企業で働いている方もいるかもしれません。

労務行政研究所の「人事労務諸制度実施状況調査」によると、HRBPを選任している企業は全体の2・7％で、企業規模が大きいほど選任率は高いと発表されています。この動きは今後も活発化していくと思われます。

このように、企業の事業戦略に沿った人事にスポットライトが当たっていますが、一方で、個々の社員が抱える悩みや問題、希望に耳を傾け、成長を促し成果を出すことを支援する上司の部下マネジメントをサポートする役割は重要になってきています。

実際に企業の現場では、企業戦略を後押しする人事制度に変更したり、企業の成長戦略に必要な社員のスキル要件の定義や能力開発が、経営層から強く求められています。

では、個々の社員のキャリア形成、とりわけ、一人ひとりの社員が抱える悩みや希望にどのように向き合っていけばいいのでしょうか。

社員1人ひとりが、自分自身のキャリアを自主的に考えることが必要な時代となり、「キャリア自律・自立」の観点からどのようにキャリアを描いたらいいかについての書籍は、たくさん出版されています。また、制度やしくみを整えて、人事部を中心にして社員のキャリア形成を支援している企業も数多くあります。

政府においても、『「キャリアは会社から与えられるもの」から「一人ひとりが自らのキャリアを選択する」時代』との考え方に基づき、「リ・スキリングによる能力向上支援」「個々の企業の実態に応じた職務給の導入」「成長分野への労働移動の円滑化」の改革を進めようとしています（「三位一体の労働市場改革の指針」（2023年5月 新しい資本主義実現会議）。まさに、1人ひとりの社員においては、「キャリア自律・自立」は待ったなしとなっています。

一方で、個人においては、どうでしょうか。厚生労働省の能力開発基本調査における「労働者の職業生活設計の考え方」の調査結果では、「自分で職業生活設計を考えていきたい」「どちらかと言えば、自分で職業生活設計を考えていきたい」との回答は、正社員で3分の2、正社員以外では半分程度の割合となっています。個人においても、主体的なキャリア形成への考えを持っています。

しかし、実際に数多くの社員のキャリアカウンセリングを行った私の印象・実感では、「将来のキャリアビジョン」がある人は多いとは言えません。これは、どのようなことを意味するのでしょうか。

会社は「キャリア自律・自立」を支援する人事制度を整え、キャリア研修を行い、部下のキャリア相談の相手となるマネジャー向けの研修を行うなど、さまざまな取り組みをしています。しかし、残念ながら会社が考える、あるいは、望んでいるような、社員が自律的なキャリアの考えを持つには至ってはいないことの表れではないかと思われます。

厳しい言い方をすれば、ただでさえ多忙なミドルマネジャーに部下のキャリアに関する責任をすべて押しつけてはいないでしょうか。リクルート社の「企業情報の開示と組織の在り方に関する調査２０２４」では、約４割の企業が従業員とのキャリアの対話を中間管理職に任せきり、との結果も出ています。


本書は、「社員1人ひとりと会社・組織をつなぐ」こと、「会社・組織が社員1人ひとりのキャリアの考えをまとめるために支援する」ことを狙いとしています。このため、さまざまなキャリア相談において、「具体的にどのように進めていくか」の例を数多く載せるとともに、その進め方の背景となったキャリア理論・カウンセリング理論を丁寧に説明します。単に事例や対応例を載せることだけにとどめなかったのは、「理論に基づき対応することで応用がきく」ことを狙いとしているからで、理論を知ることは、単に1つのケースの対応例ではなく、さまざまな事例にも対応できることになり、実務面で役立つようになります。

この本の読み方

この本の狙いは以上の通りですが、役立てていただくために最も意識したのは、第一線で社員のキャリア支援に携わる方や人事の業務に携わる皆さんです。企業内で社員のキャリア支援に携わる制度づくりをする立場であり、会社と個人をつなぐ窓口であるためです。HRBPという概念を提唱したデイビッド・ウルリッチは、人事部の役割を大きく4つに整理しています。その中の1つが、「キャリア開発支援などの社員に対する支援」の役割であり、会社と個人をつなぐ役割となります。

人事パーソンは、経営や事業部門と同じ目線を持ちながらも、社員に対する支援を行うことが求められています。会社はどのような方向に向かっているのか、会社の成長のためにどのような人材が必要なのか。もちろん、必要な人材はすぐに採用できるわけでもなく、社員のモチベーションを高め、教育・育成をしていかなければなりません。

文章に書くと簡単なことに思えるかもしれませんが、実際の場面ではどうでしょうか。社員一人ひとりのモチベーションの源泉は異なりますし、抱えている悩みも100人の社員がいれば100通りです。部下を抱えている上司にも同じことが言えるでしょう。そこで、部下のキャリア支援をするうえで、キャリアについて部下がどのように悩んでいるか、その現実を少しでも知っていただけるような構成としました。

この本を読んでいただきたいのは、企業のキャリア支援者や人事の方だけではありません。そのため11のキャリアカウンセリング事例を取り上げました。そのどれもが、実際に遭遇するキャリア相談事例となっています。企業領域以外のキャリアコンサルタント、人事部署でキャリアカウンセリング業務に就きたいと考えている有資格者や現在勉強中の方々、興味を持っている方々にも、とても役に立つものと考えています。

さらには、部下のキャリアに直接向き合っている上司・マネジャーの方々にも参考になるでしょう。また、これまでの部下とのキャリア相談のケースと似たような事例がきっとあることでしょう。

このように人事の業務に直接携わる方や、携わりたいと考えている方、あるいは部下のキャリアに向き合っている管理者を意識した本ですが、自分自身のキャリアについて悩みを抱えて働いている皆さんにとっても、同じようなケースが載っているかと思います。キャリアカウンセリングの進め方を読み、皆さんの抱えている悩みの解決になることも期待します。

この本の構成・特徴

まず、第1章で、キャリア自律・自立の支援が必要になってきているのか、その状況や背景を簡単に概観し、環境変化の一つの例として「ジョブ型人事制度」と「学び直し（リ・スキリング）」を取り上げています。

そして、第2章、第3章、第4章が、中心部分となります。企業領域におけるキャリアカウンセリングの代表的な11の事例を挙げ、具体的にキャリアカウンセリングをどのように進めるか、相談者のキャリア形成支援をどのように進めていくかについて、流れに沿って説明していきます。この場合の対応例は、あくまでキャリアカウンセリングの1つの例であり、これが正解というわけではないことにご留意ください。

第2章では具体的な事例を、第3章では対応の背景となるキャリア理論・カウンセリング理論を、そして第4章では、キャリアカウンセリングに役立つ基礎知識をまとめて解説しました。理論を踏まえたアプローチを行うことで、再現性の高いキャリア支援が可能となります。

第5章では、企業内でキャリア支援を担うことを期待されている人事担当者、社内キャリア相談室やキャリアカウンセラー（キャリアコンサルタント）について、まとめました。職業能力開発促進法においてもその役割が示されていますが、特に企業内でのキャリア支援の主体と期待をされているキャリアカウンセラーについてその育成法も含めて説明します。

もちろん、社員のキャリア支援は、何も人事部門やキャリアカウンセラーにとどまりません。第6章では、実際の社員キャリア支援の現場において、とても重要な役割を担う「上司」を対象としました。現場でチームのマネジメントを担うマネジャー・上司が理解しておくと役立つ面談スキル力や実際の面談の流れについてまとめてあります。「部下のキャリア面談」に際しての参考になる他、「キャリア自律」を進める人事のしくみを簡単に説明してあります。

第7章では、「面」の支援としてのキャリア研修・プログラムについて、研修後のフォロー面談のポイントやキャリアステージに応じた「キャリア研修」についてまとめました。

さあ、早速、皆さんと一緒に、キャリア支援について考える旅に出かけることにしましょう。

小山 裕司

2024年11月吉日

◎キャリア支援者 人事パーソンのための 未来を拓くキャリア入門

目次

第1章 なぜ、キャリア自律・自立の支援が注目されるのか
今こそ求められる個人の意識改革

CONTENT

第2章 企業内キャリア相談室の11のケースから

キャリア相談への具体的な支援法

第3章 「キャリアカウンセリング」の効果的な進め方

相談相手をサポートする「キャリア理論」「カウンセリング理論」

第4章 キャリア支援とそのアプローチ

「キャリア支援者」「人事担当者」が求められる知識

CONTENT

第5章 キャリア相談室と役割と機能

社員が相談しやすい環境を整える

第6章 部下のキャリアを育てる上司の役割

「聴く力」と「面談の進め方」を学ぶ

CONTENT

第7章 「人が育つキャリア研修」とは？

1人ひとりのキャリア自律・自立を促すために

第1章

なぜ、キャリア自律・自立の支援が注目されるのか

今こそ求められる個人の意識改革

1 キャリア・オーナーシップの考え方が求められている

❖「個人と会社の関係の変化」と「キャリア自律・自立」

これまで多くの人は入社した組織に定年まで終身雇用され、長く1カ所で安定して働くことを前提とした「キャリアデザイン」を想定して働いてきました。『ライフシフト』(リンダ・グラットン、アンドリュー・スコット著)に書いてあるように、今までは「教育」→「仕事」→「引退」の「3ステージ」の人生とも言われていました。

しかし、現在はどうでしょうか。人生100年時代・少子高齢化、あるいは社会経済環境の大きな変化により、2つ目の「仕事のステージ」が長くなってきており、これまでの「キャリアデザイン」の考え方は通用しない時代になってきました。

キャリアは固定的なものではなく、社会労働環境の変化、人の成長発達段階・価値観の変化に伴い、絶えず変化し流動的なものであると捉えられるようになっています。卒業時に選択して初めて就いた仕事「初期キャリア」は、その後の人生の流れとともに組織をまたいだり (in and out of organization)、異なる部門・部署をまたいで変化します。また、時には、一時的に家庭生活（学生生活）に戻り、再び新たなキャリアに復帰・挑戦するなど、キャリア発達のプロセスは社会変化とライフステージ（キャリアステージ）に伴って変幻自在に姿を変える、このような考え方をするようになってきました。「はじめに」で書いたように、個々人はこれからのキャリアを考え自分で決めていくことが求められているのです。

「これからのキャリアをどのように考えたらいいのか」をテーマにした本は書店でも多く見られます。自分のキャリアを決める自由があることはいいことなのですが、一方で不安が高まることもあります。そこはかとない不安、漠然とした不安、自分自身のキャリアデザインを描けている人と比べての焦りなど、さまざまな感情が沸き上がるでしょう。

一方で、会社・組織はどうでしょうか。厳しい変化の状況においては、社員をこれまで通り定年まで安定的に雇用し、一律に定期昇格を保障することは、次第に困難な状況に陥っているのは明らかです。だからこそ、組織は社員に「キャリア自律・自立」を求めるようになりました。すなわち、競争社会で企業が生き残り存在価値を高めるために、社員に対しては受け身のままで組織に依存することなく、キャリアを自ら考え行動する「自律型人材」、やる気にあふれ、外部市場でも通用する有能な「市場価値の高い人材」となることを求め、社員の意識を「組織依存から自立」へ意識改革を強く促す方向へと転換しました。

従来の伝統的なキャリアの考え方では、キャリアの所有者は会社・組織でしたが、新しい考え方では「個人」となります。キャリアは個人によって開発・形成され、変化に応じて自己意思で変更することが可能です。

❖「求められる社員の意識変容」と「上司が抱える不安」

このように、キャリアは必ずしも会社・組織（人事や上司）が決めるものではなく、自分自身のキャリアを会社に預け依存することなく、常に自らの力で主体的に切り開き、自覚と責任を持って今後の「ありたい自分」「なりたい自分」「やりたいことを実現する」ために、自律的キャリア開発を行うことが求められるようになってきました。これを「キャリア・オーナーシップ」と言います。

キャリアはまさに自分の人生そのものであり、それを創造するのは自分自身であるという意味においてキャリア・オーナーシップ意識を醸成するための意識改革、人事関係部署が中心となってキャリア研修の企画と実施、上司と部下の対話を通し成長を促すマインドセットなどが、積極的に行われています。

それでは、社員の側からはどうでしょうか？　自分のキャリアを会社に預け、会社に依存することなく「キャリアは自ら考え、切り開き、管理・形成しなさい」「キャリアの主人公は自分自身（キャリア・オーナーシップ）ですよ」とのメッセージや、「キャリアを考えるための場をこんなに準備していますよ」の案内を繰り返し人事から受け取ります。

上司との面談でも、自らのキャリアは自ら考えることを促されます。会社の考え方を反映した人事から直接、間接的に送られてくるメッセージの意味を正しく理解し、意識や行動をすぐさま変革することはできているでしょうか。

会社のこうした意図が深く社員に浸透するのはなかなか困難で、時間がかかることはある程度予想はされていました。私たちが現場の社員と接していると、すでに意識を変え、行動が変わっている社員もいますが、まだ一部にとどまっている印象です。

部下を育成し、マネジメントする上司も自身がこれまで「キャリア自律・自立」を求められる環境で、若いときから働き育成された経験がないため、どのように部下のキャリア・マネジメントを行い、上司として部下のキャリア形成を支援したらいいのか、上司の側にも不安や戸惑いがあることは予測されました。そのため上司の意識改革に向けて人事が、マネジャーを対象としたマネジメントスキル研修の中で、「部下のキャリアをどのように考えたらいいか」「実際のキャリア面談のやり方や部下とのコミュニケーションの取り方をどうするのか」などについても含めるようになったのは、当然のことです。

2 環境変化に対応したキャリア支援

ここでは、企業や個人を取り巻く環境変化に対応したキャリア支援の重要性、特に「ジョブ型人事制度」と「リ・スキリング」に焦点をあててお話しします。

「はじめに」でもふれましたが、政府が推進している「三位一体の労働市場改革」の1つに「個々の企業の実態に応じた職務給の導入」があります。この「職務給」は、「ジョブ型人事制度」の特徴の1つと言えます。

ジョブ型人事制度への理解を深めるために、従来からの日本型雇用システムの特徴である「メンバーシップ型」と比較して、「雇用」や「賃金」などが、それぞれどのように違うのかを一覧にします。「ジョブ型」「メンバーシップ型」という言葉を作りだした、労働政策研究・研修機構　労働政策研究所長の濱口桂一郎氏によれば、2つの違いは、図表1—1のように整理されます。

日本的な「メンバーシップ型」のしくみは、すべての労働者に適用されるわけではなく、パートタイマー、アルバイト、契約社員、派遣社員などのいわゆる非正規労働者はメンバー

●図表1－1　ジョブ型とメンバーシップ型の比較

	ジョブ型	メンバーシップ型
雇用	職務を特定（ある職務に必要な人員が減少すれば雇用契約を解除）	職務は特定されない（ある職務に必要な人員が減少しても他職務に異動させて雇用契約維持）
賃金	職務により賃金が決まる（ジョブに値札がついている）同一労働同一賃金	職務と切り離した「ヒト基準」で賃金決定（客観基準の1つが勤続年数や年齢）
評価	一般労働者に人事査定はない	全社員査定、能力評価が中心
採用	基本的に欠員募集（具体的なポストに対する応募）採用権限は現場	新卒採用、採用権限は人事（長期的なメンバーシップを付与するか否かの判断）
整理解雇	解雇理由は職務がなくなる（経営上の理由は「正当な理由」に該当）	整理解雇の四要件（職務消滅理由の整理解雇は制限されている）
定期人事異動	同一職務の中で上に昇進（空きポストに転職）	定期的に職務が変わる（企業内のさまざまな職務を経験）
教育訓練	職務記述書の職務を遂行できる人を採用、スキルがあることが前提	未経験のままポストに就け、OJTを中心に教育訓練

濱口桂一郎著「ジョブ型雇用社会とは何か －正社員体制の矛盾と転機」に基づき著者作成

シップを持たず「ジョブ型」と考えられます。また、「ジョブ型」「メンバーシップ型」は、大企業分野において発達したもので、中小企業の場合は異なります。

ジョブ型人事制度は、「構造的な賃上げ」や「男女間の賃金格差解消」にもつながることが期待されています。諸外国と比較すると政府は、目標として、「同じ職務であるにもかかわらず、日本企業と外国企業の間に存在する賃金格差を、国ごとの経済事情の差を勘案しつつ、縮小することを目指す。あわせて、性別、年齢などによる賃金格差の解消を目指す」ことを掲げています。

日本の賃金水準が長期間低迷しているのは、広く知られていることです。たとえば、1人あたり実質賃金は、1991〜2021年にかけて米国は1・52倍に上昇しているのに対し、日本は1・05倍にとどまっています。この背景の1つには、職務（ジョブ）やこれに要求されるスキルの基準も不明瞭で、評価・賃金の客観性と透明性が十分確保されておらず、個人がどう頑張ったら報われるかがわかりにくくエンゲージメントが低いことに加え、転職しにくく、転職したとしても給料アップにつながりにくい状況があると、政府は考えています。

ジョブ型は職務に賃金が紐付きますので、相対的に低い職務に異動した場合はどうなるのでしょうか。2024年4月の最高裁判決では、「職種限定の合意がある場合、使用者には同意なしに配置転換を命じる権限がない」ことが示されました。

企業としては、この判断を受け、職種限定の社員だけではなく、今まで以上に労働者との対話を重視し、転勤やキャリアの合意の形成を図ることを重視すると思われます。これまでは、会社の辞令で本人が希望しない仕事や地域への異動することが「あたり前」の時代だったかもしれませんが、これからはむずかしくなる可能性があります。

そこで、キャリア支援者や人事担当者は、「どのような経験や働き方を希望しているのか」といった、1人ひとりのキャリアに対する考えを、丁寧な対話を通じて理解して組織内に活かす役割が期待されています。また、上司は、部下のキャリア観を理解したうえで、組織の考えを伝えて部下のキャリア形成をサポートする役割が求められます。まさに、この本の狙いの「1人ひとりのキャリアと会社・組織をつなぐ」ことです。

第2章ケース8は、ジョブ型人事制度導入について悩んでいる社員をとりあげています。第6章では、上司のキャリア面談の進め方を説明していますので、参考にしてください。

❖人手不足と学び直し（リ・スキリング）

少子高齢化の進展により日本の人口はすでに減少しつつあるのは、皆さんがご承知の通りです。特に重要なのは、生産年齢人口と言われる、「20〜64歳人口」の減少スピードが高まることです。この生産年齢人口は、2000〜2025年までの25年間で16・0％減少するのに対し、2025〜2040年までの15年間で16・5％減少する予測です。今までは、女性や高齢者の労働参加が進んだことにより、労働力人口は増加してきましたが、これからはそうはいきません。人手不足が深刻化していく背景の1つとなります。

それでは、人手不足だから1人ひとりの雇用は安泰なのか、というとそうではありません。たとえば、東京商工リサーチの報道では、2024年1〜9月に「早期・希望退職」を募集した上場企業は、前年同期の1・5倍の46社に達したとのことです。さらに、対象人員も前年同期の約4倍8204人と大幅に増加しています。

募集企業は、業績不振の会社にとどまりません。業績が好調な企業においても、人件費の削減や不採算部門の縮小・撤退、などの観点から行うこともあります。実際、黒字企業が約6割に達しています。さらに、対象者の年齢が最も低かったのは30歳からで、募集対象者の低年齢化の傾向も見られます。

もちろん、企業としては、早期・希望退職を募るのではなく、成長事業、これから力を入れていく分野に人員を移動させたいと考えているでしょうし、政府としても成長分野への労働移動を円滑化する方針を示し、人手が不足している業種などに労働者をシフトしようとしています。

厚生労働者が毎月発表している「一般職業紹介状況」の職業別の求人倍率（求職者に対す

る求人数の割合）をみると、たとえば、「一般事務従事者」の求人倍率が1を割っている（求職者に対し求人数が少ない）のに対し、「介護サービス職業従事者」などは、1を大きく上回っています（求職者に対し求人数が大きく上回る）。

さらに、これからは技術革新がキャリアに与える影響を考える必要があります。皆さんのなかには、日頃の仕事に生成ＡＩを利用している方も多いと思います。最近では、生成ＡＩの機能が搭載されたスマホが発売されたり、生成ＡＩを一部利用した作品が芥川賞を受賞するなどの動きもあります。

1人ひとりのキャリアに対しても、日本の労働人口の約49％が技術的には人工知能やロボットなどに置き換わることが可能との試算もあります（野村総合研究所とオックスフォード大学マイケル．Ａ．オズボーン教授の共同研究による）。第4章で説明しますが、個人は、変化の激しい環境にいかに柔軟に対応するかの「キャリア適応力」が重要となります。つまり、状況に応じて「アンラーニング」を行うこと、一方で、新たな学びを積極的に進めて、自分自身の成長や変化を図る「リ・スキリング」が重要となります。そして、それぞれが自分のキャリアを主体的に考えて、成長が期待される分野の仕事に移ったり、技術革新に適応してキャリアを積み上げることが求められる時代となってきています。

それでは、どのようにしてリ・スキリングすればよいのでしょうか。まずは、社会人の「学び」の状況を見ていきましょう。

労働政策研究・研修機構が実施した「就業者のライフキャリア意識調査―仕事、学習、生活に対する意識」の結果では、「学んでみたいことはあるが、実際に学んではない」割合が50％を超えていて、「学んでみたいことがなく、実際に学んでいない」割合と合わせると、「実際に学んでいない」割合は全体の約4分の3を占めています。環境変化に対応する「キャリア適応力」を考えると、心もとない調査結果となっています。

同じ調査の「職場で受けた教育訓練の内容」では、約半数以上が「職場で教育訓練を受けていない」状況であることもわかります。特に男女を問わず非正規雇用者の約7割前後と高い割合になっていますが、正規雇用者においても4割台の結果となっています。

その内容のうち「マネジメントに関する訓練」では、正規雇用の中でも男性は17・4％との回答に対して、女性は7・8％に留まっています。第2章ケース7では、年上部下に対する悩みを抱える女性管理職の相談を取り上げています。この調査結果からも、女性管理職に対するマネジメント教育の必要性が示唆されています。

さて、具体的な「学び直し（リ・スキリング）」の支援ですが、第2章ケース2やケース5において登場します。

キャリアカウンセラーは、クライエントの将来像に対して、今の「スキルや資格」を考えた場合、何がどの程度不足しているのかを明らかにします。わかりやすい例だと、海外で働きたい人の語学力があげられるでしょう。TOEICの点数であれば、「今が何点で、どこまでにしたいと考えているのか」を引き出します。さらに大切なことは、「いつまでに」「どのように」するかも明確にすることです。

キャリア支援者は、学び直しの方法やその支援制度についての知識・情報を持っていることも重要です。教育訓練プログラムの検索サイトには、「教育訓練給付講座検索システム」「社会人の学び直し情報発信ポータルサイト『マナパス』」「デジタルスキル人材育成プラットフォーム『マナビDX』『マナビDX Quest』」などがあります。企業領域のキャリアカウンセラーは、自社や契約先企業の自己啓発支援制度やオンライン学習プラットフォームの知識も必要となります。上司の場合、学び直しに関する情報提供の他、学びを継続するための動機づけも大切な役割となるのは、言うまでもないでしょう。

それでは、お待ちかねの11のケースを見ていきましょう。

第2章

企業内キャリア相談室の11のケースから

キャリア相談への具体的な支援法

1 企業内キャリア相談室の11のケース

第2章では、キャリア相談室での相談事例のうち、典型的な11のケースへの対応を取り上げることにします。クライエントの状況や抱える問題は異なりますが、どう対応したらいいか、皆さんと一緒に考えていくことにしましょう。各ケースは、次のような流れにしてあります。

①キャリア相談への経緯
②キャリア相談の内容と訴え
③キャリアカウンセリングによる支援と展開
④キャリアカウンセリング時の要点
⑤キャリア支援者・人事担当者に必要な視点

なお、注意していただきたいことは、それぞれの対応はあくまで1つの例で、「正解」というわけではありません。目の前のクライエントに寄り添いながら、しっかりと話を聴いて対応することが大切です。

「企業内キャリア相談室」の主な事例

ケース **1**		「今の会社では成長できないので転職したい」と相談されたら？（25歳男性）
ケース **2**		「やりたいことが見つからない」と相談されたら？（28歳女性）
ケース **3**		「社内公募制度に応募するか迷っている」と相談されたら？（30歳男性）
ケース **4**		「育児休業からの復職に不安がある」と相談されたら？（34歳女性）
ケース **5**		「テレワークができる仕事に変えてください」と相談されたら？（37歳女性）
ケース **6**		「フルタイム勤務の働き方がイメージできない」と相談されたら？（37歳女性）
ケース **7**		「女性管理職としてうまくマネジメントできない」と相談されたら？（40歳女性）
ケース **8**		「ジョブ型の人事制度に変わるのが不安です」と相談されたら？（42歳男性）
ケース **9**		「定年を前にして働き方に迷いがある」と相談されたら？（52歳男性）
ケース **10**		「メンタル不調から復帰後のキャリアが描けない」と相談されたら？（36歳男性）
ケース **11**		「発達障害のある部下にどう接したらいいですか」と相談されたら？（43歳男性）

ケース 1 「今の会社では成長できないので転職したい」と相談されたら？

相談者
Aさん

25歳、男性、4年制大学卒、海外展開をしている大手企業勤務、入社3年目、家族：父、母、兄、いずれも同居していない

1 キャリア相談への経緯

●職場に不満はないが、「成長スピードを速めねば」と焦りを感じている

相談者のAさんは、新卒で入社後営業部に配属されました。営業成績は若手の中でも抜群で、何回も売上で上位者になっています。入社前から海外で働くことが夢で、営業成績を上げれば海外勤務も可能と考えて頑張ってきました。語学は得意なほうではなかったのですが、朝5時に起床し出社前の時間を語学の勉強をした甲斐もあって、最近のＴＯＥＩＣは念願の700点を超える水準にまで伸びてきました。

Aさんは、少しでも海外勤務に近づくために、次の転勤で海外向け販売促進部への異動を希望していましたが、上司とのキャリア面談で、もう少し今の仕事の経験を積んでじっくり育てることを考えていると言われ、ショックを受けました。

とは言え、何も職場環境に不満があるわけではありません。大手企業ですし、給与水準、福利厚生も充実しています。残業もさほどなく、就活時にあまり厳しくない企業を目指していたAさんにとっては申し分のない勤務先です。

しかし、仕事にも慣れてきて、自分の成長スピードが遅いのではないかと感じるようになり、転職をしたほうが将来のキャリアを考えるとベターなのではないかと考え、来談されたのでした。

2■キャリア相談の内容と訴え

●「20代のうちに海外で働く」希望を叶えるために転職も視野に

Aさんは若いうちに海外で働きたいこと、そのために営業や語学の勉強を頑張ってきたことを訴えました。毎年のキャリア自己申告のシートには、「海外勤務希望」と書くようになったことについて、熱を込めて説明してくれました。会社は居心地が良く、特段の不満はありません。しかし、世の中の変化スピードや他の会社に勤めている友人や先輩の話を聞くと、さまざまな経験ができる海外に20代のうちに行かないと、周りとの力の差がつき、キャリアにおいて遅れをとり、取り返しがつかない状況になると考えるようになったのでした。

入社して3年目になると、仕事にも慣れてくるのと同時に、新しい刺激はあまりありません。このまま現部署で仕事を続けるとなると、20代のうちに海外で働く希望が叶わないと考え、自分の成長のために転職も選択肢として考えるようになったのです。現時点では、転職エージェントの登録などはしていないが、今回、キャリアカウンセリングを踏まえて行動に移したいとのことでした。

3■キャリアカウンセリングによる支援と展開

【ステップ1】「現状の把握」と「相談者の理解」

●どうして「海外で働く」ことを希望するのかを言葉にする

朝早くから英語の勉強を頑張り、TOEICの点数も順調に伸びていることは、しっかりと受け止めて賞賛しました。相談者の成長することへの思い、海外で働くことへの覚悟を、まずは語ってもらいました。

その中で、なぜ海外勤務をしたいと思っているのか、海外でどのような仕事をしたいと考えているのか、Aさんにとって成長する姿とはどのようなものなのかなどについて引き出していきました。

学生時代のサークルの友人や先輩が海外で活躍している話、ベンチャー企業に就職した同期が仕事を任されている話を聞いて、焦りも感じたとのことでした。

【ステップ2】「資源」「強み」の整理と理解

●目標へ執着することが強み、一方で課題も

キャリアカウンセラーは、これまでの経験、特に営業活動の経験を通じてAさんの強みを具体化するために、ここを掘り下げる質問をしていきました。

どのような工夫をして仕事の成果に結びつけたのか、苦労した状況をどのように乗り越えたのか、上司やメンバーとの連携で気をつけていることは何か、具体的な事例も含めて語ってもらいました。

次に、今後伸ばしたいこと、課題、苦手なことも話してもらったところ、Aさんの営業上の特徴としては与えられた目標や数字への執着は高いものの、顧客への提案の広がりが少ないこと、社内の関係者とのネットワークの広がりも充分ではないことがわかりました。

そこでキャリアカウンセラーは、自分の強みやできることをさらに伸ばすことはとても大切ですが、実務経験がまだ浅い時期は、課題があれば、それをそのままにしておかず、取り組むことの必要性についても触れました。そうすることで相談者は、自分の課題を認識することができるようになります。

【ステップ3】今後のキャリアを考える

●海外で活躍する場合に、今の仕事で伸ばすべきことも意識する

海外で働くことがAさんの成長やキャリアにとってどのような意味を持つのかを整理することにしました。なぜ、海外で働くことを考えているのか、海外でどのような仕事をしたいのかを【ステップ1】で言語化したことからAさんは、海外子会社では、日本人スタッフも少なく、1人ひとりが抱える責任が幅広く多岐にわたり、現地スタッフのマネジメントも任されている、との考えであることに気づきました。

Aさんは、今も海外で働きたいとの希望があります。しかし、海外で働かなくても、現状の仕事の延長上や周辺の仕事でも成長につながることはたくさんあるとの、新たな捉え方ができるようになりました。

【ステップ4】将来のキャリアを描く／キャリア形成の行動計画

●希望のキャリアに向けて、情報収集とネットワークづくりに取り組む

転職エージェントに登録し、実際にどのような仕事があるのかを確認することは情報収集の観点で行うとのことですが、現在の仕事の意味づけや再度、自分の役割を考えることにしました。今までは、海外で働くことに近づくために営業数字を上げて、セールス上位に入る

との考え方が中心でした。

しかし、国内や海外の顧客に対して自社製品・サービスを扱うことで、顧客の業績向上に貢献できると気づくことができました。さらに、社内外ネットワークを拡大することで、自分の提供する価値の向上や新たな情報入手にもつながり、結果としてより大きな責任も任されるとの考えに至りました。

【ステップ5】具体的な行動計画

●自身の社内外ネットワークの洗い直し、新しい接点を増やす

Aさんは、ジョブ・クラフティングの3つのアプローチに取り組むことにしました（第3章参照）。自分の仕事の意味づけを広く考える視点で、1つの顧客を見直したらどうなるかの認知クラフティング、そして、社内と顧客のネットワークを書き出し、業務上の関係があるものの面識がない部署の人に声をかけることから開始することに決めました。

4■キャリアカウンセリング時の要点

●今の仕事を通しての成長は、本当にできないのか？

働きやすい環境で、負担の大きな役割課題を与えられていない若手の中には、成長への強

い危機感を持ち、早期に転職をする人もいます。負担の大きな役割課題（ストレッチされたアサイメント）への対処は苦労が多く、大変なものです。しかし、それを乗り越えた経験は大きな成長につながります。

転職して環境を変えることが成長のきっかけにもなりますが、「今の仕事では成長につながらない」と考えるのではなく、仕事への取り組み方を見直したり、自分の強みを発見したりすることで、仕事の中に主体的にやりがいを見出していく、ジョブ・クラフティングのアプローチを利用できる場面は多いでしょう。

このケースでは、成長速度を上げるための転職相談の事例を取り上げましたが、環境を変えることが相談者の本質的な問題を解決することに役に立つのかを見極めることが、キャリアカウンセラーに求められます。転職する、しないの二者択一ではなく、第3、第4の選択肢はどうなのかなどを多面的に考え、どのようなことが相談者に対してプラスとなるのか、一緒に整理をしていくといいでしょう。

5■キャリア支援者・人事担当者に必要な視点

●相談者の思いを受け止め、希望像に向かってのギャップをどうするか

若手社員の離職状況は、厚生労働省が２０２４年10月に公表した「新規学卒就職者の離職

状況」によれば、大卒者の3年以内離職率が30％超で推移しています。最近では、会社に対する「不満」ではなく「将来への不安」から離職する若手社員もいるようです。

たとえば、リクルートマネジメントソリューションズが２０２３年に実施した「新人・若手の早期退職に関する実態調査」では、「労働環境・条件」「処遇」に対する不満による離職が上位ですが、「成長できる見通しが持てない」との理由も上位にきています。

このケースのような相談の場合は、まずは、相手の希望・考えを受け止める（承認する）ことが大切です。そして、相手が希望する仕事で必要となる経験、資格、スキル、能力を考え、現状とのギャップを、今担当している仕事を通してどのように埋めていくのかを一緒に考えることが重要です。仕事上の役割は人事が直接指示するものではないため、上司との連携が必要となります。社内キャリアカウンセラーの場合も同じ働きかけとなりますが、面談結果については、人事や上司と共有してよいか、同意を得ておくことが必要です。

入社して数年という頃は、業務の表層部分だけを見てしまいがちなので、その内容の華やかさやダイナミックスさなどに目がいき、憧れから異動や転職を考えている人もいるでしょう。その場合、異動先・転職先で「どのようなことがしたいのか」「現在の力で、実際にどのようなことができるのか」についても問いかけながら、相手の考えを整理していくことが望まれます。

仕事に役立つ基礎用語①　ネガティブ・ケイパビリティ

ネガティブ・ケイパビリティ（Negative Capability）は「急がず、焦らず、耐えていく」力です。現在のように、激しい環境変化の中で先が見通せず、状況を正しく把握できず漠然とした不安を抱え、今後の方向性に迷っていることも多いのではないでしょうか。

このような環境では、結論や結果・方向性を拙速に求めずに不確実さにとどまる力、中途半端な状態、宙ぶらりんな状態にも耐え抜く力が必要になります。急いで安易に答えを出すのではなく、慎重に考えることにより、物事の本質に迫ることができるようにもなります。

ネガティブ・ケイパビリティの反対は、「ポジティブ・ケイパビリティ（Positive Capability）」です。できるだけ早く不確かさや曖昧な状況から脱する力、わからないことをできるだけ早く解決し、結論を出す力です。

多くの仕事は短期的に良い成果や結果を出すことで評価されるので、今の時代はもっぱらポジティブ・ケイパビリティが求められる時代と言えるかもしれません。だからこそ、ネガティブ・ケイパビリティを意識することが重要です。キャリア支援者は、相談者に向き合うときに、ぜひ意識してください。

ケース 2

「やりたいことが見つからない」と相談されたら？

相談者
Bさん

28歳、女性、4年制大学（商学部）卒、メーカー勤務、入社6年目、家族：父、母と同居

1 ■ キャリア相談への経緯

●今まで考えてこなかったのに、急に将来のキャリアを問われても

相談者のBさんは、新卒で入社後に経理部門に配属されました。学生時代は商学部で会計や簿記の授業を受けましたが、興味があったわけではないと言います。現在の仕事には真面目に取り組み、周囲からの評価も悪くはありません。

1週間ほど前に、今後のキャリアについての定期的な面談がありました。キャリア面談と言っても、日ごろの業務の進捗状況や困っていることなどを聞かれるだけだったのですが、新しく着任した課長は、それとは違っていました。「将来はどうしたいのか」と質問され、「これからは自分でやりたいことを見つけて、キャリアを形成する時代なのでしっかりと考えることですね」と言われたのです。これからどうしたらいいかと思い、来談されました。

2■キャリア相談の内容と訴え

●会社都合で決められるキャリアを自分で考えるなんて

Bさんは、キャリアの将来を描くと言っても漠然としていて、どのように考えていいかわからないこと、変化の激しい時代なので将来のことを決めてもあまり意味がないのではないかと感じていること、自分がいくら希望の将来像を描いたところで会社の都合で転勤や係替え、結婚などで思い通りにはいかないと考えていることを、順序だてて説明されました。

学生時代のキャリア教育でも将来像を描くことを推奨され、就活時の面接でも将来像を話しましたが、深い考えに基づいた将来像ではありませんでした。会社で何かをやりたい、成し遂げたい、管理職になりたい、などとの希望は特になく、キャリアについてどのように考えたらいいのか、会社に提出するキャリア自己申告シートをどのようにつくればいいのかわからない、とのことでした。

3■キャリアカウンセリングによる支援と展開

【ステップ1】「現状の把握」と「相談者の理解」

●「できることなら将来像を描きたい」との気持ちに焦点をあてる

まず、相談者が将来像を描かないといけないと思うものの、うまくできない気持ちに寄り添うことにしました。具体的には、就活時に自分の将来像について面接官に話したときの気持ちや自己申告シートを作成したときの感情も引き出しながら進めました。

「なぜ、今のままではいけないのか」「将来像を描けるのであれば、今の社内環境は希望が通るものなのか」「社会の価値観が変化する中で、将来像を描くこと自体に意味があるのか」といった気持ちも、キャリアカウンセラーがしっかりと受け止めたのです。

そこから、「将来像を描けるのであれば描きたい。でも、いったん描き申告した将来像を変えることはむずかしい」との思いを引き出すこともできました。その中でカウンセラーは、「描けるのであれば描きたい」との思いに焦点を当ててBさんの発言を要約して、伝え返しました。それを受けたBさんは、改めて自分が「できるものなら将来像を描きたい」という考えを持っていることに気がついたのでした。

【ステップ2】「資源」「強み」の整理と理解

●経理の仕事は好き、作業を効率化する強みも

将来像を描くのに焦る必要はないこと、無理やり将来像をつくりあげるのではないことを丁寧に説明してから、将来像を考える前段階として、一緒にクライエントのリソース（資源）――特に「できること」「強み（Can）」を、掘り下げていくことにしました。

真面目に目の前の仕事に向き合っているBさんの姿勢を承認し、本人が意識していることから話を進めていきます。具体的には、数字を取り扱うのは嫌いではないこと、帳簿をつけて計算が合致したときはうれしく感じること、自分自身で計算シートや計算式に工夫を加えていることなど、できることやその強みが引き出されていきました。

Bさんは、簿記3級の資格を持っていますが、学生時代の先生から「就職や転職の場合は2級を取得しておくといい」と言われたことや、管理部門などで簿記の保有割合が3級よりも2級のほうが大幅に高いという情報を目にしたことがあったため、2級も取得するのがいいとの思いがあるとの話もしてくれました。その一方で、試験がむずかしそうで、躊躇している気持ちも打ち明けてくれました。

【ステップ3】今後のキャリアを考える

●「仮」とすることで、目標をたてる抵抗感を和らげる

キャリアカウンセラーは、目標はあくまで「仮」であり変更可能であることを説明し、目標を定めることに対するBさんの抵抗感を和らげるのを意識して進めました。Bさんとしては、現時点では転職をする考えはなく、担当している経理業務に興味を持っていることがわかったため、仮の目標として「今の部署でキャリアを積み上げる」ことにしたのです。

ただ、周囲を引っ張るようなリーダーシップは苦手と考えているため、現在のところは係長や課長などの管理職になることは希望しない、とのことでした。そこで担当者としての専門性を高めていくことにしました。

【ステップ４】将来のキャリアを描く／キャリア形成の行動計画

●仮目標に向かって、できることを思いつくままあげてみる

経理業務の専門性を高めるためにやることについては、Bさんが思いつくことをメモ用紙にできるだけ多く書き出してもらいました。その中で簿記や仕分けなどのスキル、今後の経理業務のＩＴ化を展望したスキル、会計事務所や関係部署との調整力や説明力などに取り組んでみたいことが引き出されました。

さらにはBさんの会社は海外に現地法人があることから、国内だけではなく海外の経理知識を持っていると、さらに専門性を高めることができるとの考えでした。

【ステップ５】具体的な行動計画

●少し背伸びした目標を決めて、フォローするしくみも考える

具体的な行動計画としては、実現可能だが少し背伸びした目標を決めることにしました。

専門性を高めるために2級簿記の資格に挑戦することとし、そのための行動計画を一緒に考えることにしました。

まずは、通学して講座を受講するか、通信教育で受講することにしました。その際、会社や公的な補助制度（教育訓練給付金）などの情報収集からはじめました。さらに、経理部署の中で2級簿記を保有している人に試験勉強のコツなども聞いてみるとのことです。

ITについての知識は、当面は今の業務で少しでも工夫することにとどめて、簿記資格の情報収集と合わせて、ITについての資格を調べてみるとのことでした。

カウンセラーは、Bさんの行動計画の進捗チェックと動機づけが必要と考え、再度課長と面談をして自分の考えを伝えることを助言しました。そして実際にどのように伝えるかをキャリアカウンセラーを課長に見立てて試してもらいました。さらに、「行動計画も共有すれば、課長との定期的な面談の場でフォローアップやアドバイスも期待できるので望ましい」ことを伝えました。

4■キャリアカウンセリング時の要点

●やりたいことがわからないときこそ、丁寧に自己理解を深める

部下とのキャリア面談を行う上司から、「やりたいことがない部下との面談が、最もむず

かしい」ということをよく聞きます。特に「アドバイスしたい」「部下の課題を解決しよう」と考える上司にとっては、むずかしく感じるようです。解決志向が強いタイプのキャリアカウンセラーも同様かもしれません。

このような場合、第3章で説明する半構造化面接のアプローチを使って、次のような流れの枠組みを決めて、対応することも可能です。

①共感し、寄り添うことを通じて関係を築く。特に将来像を描くように上司から言われたときに、どのように感じたのか、思ったのかを掘り下げてクライエント理解につなげる。

②「できること・強み（Can）」から掘り下げていく。今までの仕事や経験を丁寧に掘り下げていき、得意なことや強み、時間を忘れるくらいに集中したことも引き出し、「できること・強み」「興味・関心」の自己理解を深めていく。

③自己理解が深まった段階で、「将来どのようになりたいか、どのような存在でありたいか」や「望ましい結果」を言葉にして「仮目標」を設定する。仮であっても目標があると方向性が見えてきて、行動計画や具体的な行動につながる。

④仮目標を実現するための行動計画を立て、実行する。スモールステップで進めるような行動計画を意識する。

⑤行動計画、仮目標の達成状況を評価し、必要に応じて正式な目標を決めたり、仮目標や行動計画の見直しを実施する。

5■キャリア支援者・人事担当者に必要な視点

●相手の「自己動機づけ発言」をうまく引き出し、意識化する

「あなたは何をしたいの?」「あなたはどのようになりたいの?」などと、ストレートにWillばかりを尋ねるよりも、丁寧に「できること(Can)」の掘り下げから進めることが大切です。今までの経験を語ることによって得意なこと、興味があることなどが、次第に引き出されてきます。さらに、「こんなことをしてみたい気もある」「もう少し、うまくできるようになりたい」のような「希望・欲求」の発言が引き出されたならば、すかさず「伝え返し」をしましょう。「変わりたい」「このようなことだったらしてみたい」などの行動変容につながる発言は、「自己動機づけ発言」「チェンジトーク」とも言われます。カウンセラーは、このような発言が引き出された場合はその内容を伝え返すことで、相手の変わりたいという気持ちの「強化」を図りましょう。

行動変容を起こすには、日頃の上司や周囲からのフィードバックや承認も大切です。日常のコミュニケーションが重要なのは言うまでもありません。

ケース
3

相談者
Cさん

「社内公募制度に応募するか迷っている」と相談されたら？

30歳、男性、4年制大学卒、金融機関勤務、非管理職、
勤続7年目、家族：父、母とは同居していない

1■キャリア相談への経緯

●社内公募で専門性が身につく仕事に移った方がよいか悩む

相談者のCさんは、新卒で金融機関に入社して7年目です。3年前に異動で現在の支社に着任しました。仕事の内容は入社時から顧客担当の営業で、支社の中では後輩が数名いる中堅社員です。役職には就いていませんが、担当先の会社は上場企業こそないものの、比較的規模の大きな企業が大半で、取引先企業か抱えるさまざまな問題の相談を受ける立場として、幅広い知識を求められています。支社内では、後輩のまとめ役としても期待され責任を重く感じています。

　これからのキャリアを考えた場合、今のままの顧客担当営業でずっといくよりも、何か特別なスキルや専門性を持って仕事をしたほうが、将来のことを考えるといいのではないかと

感じています。ちょうど2週間後から、希望の仕事に手を挙げる社内公募制度の申し込みがはじまることもあって、どうしたらいいか迷い、来談されました。

2 キャリア相談の内容と訴え

●希望を叶えた同期の話を聞き、社内公募の利用を考えはじめた

Cさんは、今の仕事に大きな不満は抱えていないのですが、一方で、周囲の上司のように係長、課長、部長といった社内の階段を上がっていくことに強い希望を持っているわけではありませんでした。むしろ、自分のペースで社会や周囲の役に立ち、感謝をされる仕事を定年まで続けていきたいとの考えを持っています。

周囲には社内からの評価が高い立派な上司や先輩がおり、すごいとは思うものの、そのようになりたいとも考えていません。それよりも久しぶりに開かれた飲み会で前年、社内公募制度で手を挙げて希望の部署に異動になった同期の話を聞く機会がありました。同じ営業の担当だった同期は、学生時代から興味があったデジタル・マーケティングの部署に移り、やりがいを感じている様子でした。いきいきと話す姿を見て、自身も就活のときに興味があった社会課題を解決するような仕事に移ることを考えるようになり、そのようなタイミングで社内公募の申し込み時期になったとのことです。

3■キャリアカウンセリングによる支援と展開

【ステップ1】「現状の把握」と「相談者の理解」

●公募制度に手を挙げる考えの背景を言葉にする

カウンセラーは、これからのキャリアを自身で考えはじめたCさんを承認し、話をしやすい環境を整えながら、社内公募制度に手を挙げようと思ったきっかけや考えを掘り下げていきました。その際に、仕事に対する取り組み姿勢、思い、実際の営業成績なども語ってもらいました。カウンセラーは、Cさんの「公募制度に手を挙げたい」という欲求のもう一段底にある思いを掘り下げて、理解に努めました。

【ステップ2】「資源」「強み」の整理と理解

●今の仕事でのやりがい、成長実感を掘り下げ、強みを理解する

キャリアカウンセラーは、Cさんの経験の中で充実していると感じられたこと、やりがいを覚えたこと、成長を実感したことなどの話を聴きながら掘り下げていきました。一方、苦手なことや不得意なことも語ってもらい、強み（できること）や自身の課題を言葉にしていきました。

Cさんが自分で考え工夫し努力したところは、褒めて承認して、それを強みとして意識化

してもらいました。後輩も数名いるとのことでしたので、後輩に対しても指導・助言の様子も語ってもらいました。カウンセラーは、Cさんの自身の強みや課題に関する発言を要約し伝え返したうえで、内省を促すために、それに対してどのように感じているかを問いかけ、考えをさらに言語化してもらいました。

【ステップ3】今後のキャリアを考える

●興味がある分野で、専門的なスキルを伸ばして長く働きたい

公募制度を利用して、今後どのような働き方をし、どのようなキャリアを形成したいと望んでいるのかについて、中長期的な視点を含めて考えました。【ステップ2】で整理した強みを活かして公募先でどのように活躍しチームに貢献できるのかを考え、言葉にすることからはじめました。

さらに、Cさんは学生時代に会計を専攻していたことから、経理・会計の仕事に興味があること。一時期は会計士も考えていたので簿記の勉強には力を入れていたこと、少しはにかみながら話をされていました。

そんな経験も視野に入れながら、専門的なスキルを持って長く仕事をしたい、できれば部署をたびたび変わるような仕事よりも安定的な環境で仕事をしていきたい、との願いを引き

出すことができました。

【ステップ4】将来のキャリアを描く／キャリア形成の行動計画

●応募先部署で役に立つには、どうしたらよいか？

キャリアカウンセラーは、相談者が仮に社内公募制度により、もし経理の部署に異動した場合、簿記を学んだことを活かして携わることができる仕事があるのか、実際にどのような仕事に就きそうなのか、そこでは自身のスキルをどのように活かせそうなのか、どのように周囲に役に立ち、組織に貢献できているか、あるいは、周囲のメンバーと比べてどのような強みや課題があるのかを丁寧に掘り下げていきました。

Cさんとしては、現状の会計スキルでは、即戦力としては役に立たないかもしれないが、今までの顧客担当の強みや経験は利用できるとの考えでした。自社の会計・経理部署にはさまざまな仕事があり、細かいところまでの知識はなく事前に調べておくことが必要かもしれない、とのことでした。

最近のＩＴ化の進展によりさまざまな分野で影響があると思われますが、生成ＡＩにより経理・会計分野への影響の可能性があることを認識されており、プライベートで生成ＡＩを試しているとのことでした。

【ステップ5】具体的な行動計画

●社内公募申込を仮目標にして、当面のアクションを決める

Cさんは、キャリアカウンセラーと相談しながら3つの行動計画を立てました。1つ目は、今回の社内公募に手を挙げる場合のことで、特に上司とキャリアについての考えを早めに共有することにしました。

2つ目は、応募した経験がある部署の担当者と連絡をとり、どのような仕事をしているのか、どのような知識・スキルが必要とされるのかの情報収集を行いました。実際に手を挙げることを決めたわけではなく、意思決定のために必要な情報収集を行うことが目的です。

3つ目は、会計やITスキルを向上することです。会計の勉強を再開すること、ITスキルを磨いていくことへの思いも自発的に話されました。キャリアカウンセラーは、学びの習慣化は今後のキャリア形成に重要であると伝え、Cさんの考えを後押ししました。さらに、今の仕事の意味を再度考えてもらい、経理・会計の知識を向上させることに活かせる点はないかを考えてもらいました。

4■キャリアカウンセリング時の要点

●目の前の選択だけでなく、中長期的なキャリアの視点も加える

社内公募に関する相談を受けたキャリアカウンセラーにとって、希望先への異動を実現することだけがカウンセリングのゴールではありません。相談者が「社内公募制度」に応募するのかしないのか、目の前の二者選択から、長い目でキャリアを考えた場合のプラス・マイナスも考えるなど、視野を広げる支援をすることが重要です。

特に、現在の仕事から逃げることが目的化し、公募制度に挑戦することは、長い目で見て相談者のプラスとならない場合もあります。社内公募制度の申し込みについての相談では、半構造化面接を利用してどのようなポイントをクライエントに尋ねるのかをあらかじめ整理しておくといいでしょう。

5■キャリア支援者・人事担当者に必要な視点

●「逃避型の挑戦」には注意する

社内公募で異動を考える社員の中には、今の仕事から逃げたい気持ちで申し込む社員もいるようです。そのため「逃避型の社内公募申し込み」にならないように注意が必要です。もちろん、職場環境があまりにも悪く、メンタルヘルスに懸念がある場合は別ですが、一般的な逃避型の異動は、乗り越える経験ではなく、いやなことを避けて通る経験になります。

人事担当者や社内キャリアカウンセラーであれば、半構造化面接の質問に対する相手の答えを踏まえながら見極めたうえで、今の仕事で得られる経験と公募先に異動した場合の比較を一緒に整理していくことが求められます。

仕事に役立つ基礎知識②　社内公募の相談時に役立つ質問例

「社内公募制度」への応募者とのカウンセリングの際に、次の半構造化面接の質問例を使って、相談者の状況・抱えている問題の理解を深めることができます。

①なぜ、公募制度に申し込もうと考えているのか。
②現在の仕事をどのように捉え、自分の強み（Can）をどのように理解しているのか。
③応募先の仕事内容や求める人材についての情報収集はできているのか。
④応募先でどのような活躍・貢献ができると考えているのか。
⑤応募先への異動は、相談者の中長期キャリアにおいてどう位置づけられるのか。
⑥公募申込みを含めたキャリアに対する考えについて、上司などとの共有はどうか。
⑦希望が通らなかった場合は、どのように考えているのか。

このような質問を相談者に投げかけることで相談者は、改めて社内公募についての考えを内省し、自分のキャリアにとってどのような位置づけであるかを整理することができます。もちろん、①〜⑦の質問を順番通りに尋ねる必要はありませんし、一部のみでもかまいません。

ケース 4

「育児休業からの復職に不安がある」と相談されたら？

相談者
Dさん

34歳、女性、４年制大学卒、上場企業勤務の社員、勤続11年、非管理職、現在育児休業中、家族：夫（34歳会社員、非管理職）、子ども（5歳、0歳）

1■キャリア相談への経緯

●第1子復職経験から、2人の子どもを抱えた両立に不安を抱える

相談者Dさんは第1子を29歳で出産、その後1年間の育休を取得、30歳で復職して短時間

勤務（9時30分〜16時30分）で働いていました。4年後の34歳で第2子を出産し、今は2人目の子どもの保育園入園の手続き中です。

4カ月後の4月からの復職を考えています。しかし、1人目の復職時の大変さが記憶に新しく、2人の子どもを抱えての復職に大きな不安を感じています。さらに、1年以上先のことになりますが、第1子の小学校入学以降に仕事との両立ができるのかも気にかかり、来談しました。

2■キャリア相談の内容と訴え

●第1子復職経験はあるが、新しい不安も抱えている

第1子の育休復職時は、初めてのことでもあり、多くの大変な思いをしてきました。子どもの体調が悪いと保育園から急に連絡が入り、急きょ、会社から保育園に迎えに行くこともありました。インフルエンザに罹《かか》り、子どもが元気になっても数日間休む必要があり、同僚に迷惑をかけてしまったとの負い目もあります。

第1子が生まれてから保育園送迎は配偶者と分担していましたが、育休中の今は、いつの間にかDさんのみが行うようになってしまったことも不安の1つです。さらに、上の子どもが小学校に入学したあとの仕事との両立についても、Dさんが住んでいる学区の小学校は駅

の反対側であることや、学童保育が預かってくれる時間が保育園よりも早まることを不安に感じています。

Dさんが勤務する職場では、育休期間中に上司の転勤で新たな上司に代わったこと、組織体制や使っているシステムが変更しているとの話も聞いていることもあり、復職後の仕事内容についても不安を抱えていました。

3■キャリアカウンセリングによる支援と展開

【ステップ1】「現状の把握」と「相談者の理解」

●不安を吐き出すことで、気持ちも整理される

復職を前にしたDさんの話をよく傾聴し、どのような不安を抱えているのかを理解していきます。具体的には、Dさんが考えていることを丁寧に受け止めます。相談者は、育休期間中は子どもと向き合うことができていたのに、復職後はその時間が短くなってしまうことを心配していたり、あるいは、1日中、子どもに向き合う環境から、昼間はそこから離れて自分の時間が持てることへの安堵感を抱いているケースもあるでしょう。

キャリアカウンセラーは、「育休からの復帰者なので」といった先入観を持たずにいったん感じていること・思っていることを吐き出してもらい、共感の姿勢を示しながら丁寧に話

を聴いていきます。

このケースでも、負の感情を強めないように注意しながら「不安」「心配」を具体化してきました。そうすると、Dさんの不安・心配の多くは漠然としたもので、その内容が整理されていませんでした。さらに掘り下げていくと、育休期間中に会社の上司が代わったこと、復職後の仕事の内容が不透明であることへの不安の大きさがわかりました。

そこで希望を確認して「復職に向けた家庭内の準備」と「会社の上司との対話」の2つについて話を進めることとしました。

【ステップ2】資源と強みの理解

●今の準備状況を言葉にして、「できていること」を再確認する

第1子の出産後に復職したときは、どのように心の準備をしていたのか、どのように大変な状況を乗り越えてきたのかを引き出していきました。そのときは、初めての保育園送迎・短時間勤務利用だったので、朝夕の送迎経路を実際の時間帯に試してみて時間や混雑状況を把握したこと、保育園送迎の分担や急な発熱時の対応については配偶者と相談して決めていたこと、配偶者の仕事はテレワークが可能で、保育園からの呼び出しがあったときなどは配偶者が主に対応していたことが引き出されました。

第2子の保育園は未定ですが、同じ保育園のママ友からの情報では、基本的に兄弟姉妹がいる場合は優先的に同じ保育園となりそうであることもわかってきました。Dさんは、保育園の空き状況についてキャリアカウンセラーに説明する中で、事前準備がすでに進んでいることに改めて気づき、少し安心した様子でした。

【ステップ3】今後のキャリアを考える

●配偶者との家事分担、復職後の仕事内容を整理して働き方を考える

Dさんが気になっている働き方について、具体化していきました。育児との両立のために短時間勤務での働き方を希望し、時間は第1子のときと同じ9時30分〜16時30分と考えていましたが、配偶者との保育園送迎の調整を進めることで、朝は早めに出勤し、退社時刻をその分だけ切り上げる考え方も出てきました。今回のカウンセリングでは、配偶者と相談することを一覧表に記入して、後日2人で相談して決めるとのことでした。

家事分担をする主なものとしては、保育園の送迎のほか、3食の準備・片づけ、掃除・洗濯・食事・ゴミ出しなどもあります。キャリアカウンセラーは、男女共同参画局の『夫婦が本音で話せる魔法のシート「○○家作戦会議」』が作成した「家のことの分担について相談するシート」があること。それが、ひな形としてとても参考になることを伝えました。

さらに、お互いの「感謝の気持ちを伝えあう」ことの必要性についても話をし、東京都生活文化スポーツ局の「男性の家事・育児実態調査２０２３」の「家事・育児分担やパパ・ママのホンネ」の調査結果を見ながら対話をしてみることもすすめました。

Dさんは会社の上司や人事部への連絡を第1子復職時と同じタイミングで入れることにし、復職後の仕事についても一緒に考えることにしました。そして、仕事に対する思いや得意なこと、やりがいに感じた場面などについて話してもらいました。

そこからは、同僚など周りの人たちに迷惑をかけたくないという気持ちと、周囲から頼られる存在になりたいという願いが混在していること、理想としては、皆から感謝される存在になりたいという本音も出てきました。その前提として、育児と両立をしながらキャリアを積み上げていくことを希望されていることも引き出されました。

【ステップ４】将来のキャリアを描く／キャリア形成の行動計画

●復職だけではなく、中長期の視点でキャリアを考える

今回は復職に関する相談でしたが、長い目でみたキャリアについて考えていることを語ってもらいました。具体的なキャリアビジョンは持っていなかったので、身近な同僚や同じ会社の年齢が近い知り合いで、Dさんと同じように育児と両立をしながら仕事をしている社員、

憧れの人、お手本や参考にしたい人を挙げてもらうことにしました。

どのようなところに憧れているのか、どこをお手本にしたいのかなどを具体的に表現してもらいました。憧れの人を10点として現在のDさん自身が何点になるかを考えてもらうと、全体ではまだまだ半分くらいの段階のようですが、少しずつ憧れの人に近づいている部分もあることがわかりました。それが、少し自信につながっているようでした。

ロールモデルを意識することは、自分を客観的に見つめ直し、良い点やもっと伸ばしたい点をイメージしやすくなります。そうするとどこを伸ばしていくのか、その目標を設定することができ、行動が変わってきます。

Dさんには、「育児はこのようにしなければならない」との考えはなかったのですが、もし、固定的な考え方をしている局面があれば、視点を変えながらカウンセリングを進めていきます。

【ステップ5】具体的な行動計画

●「1人で抱えない」行動計画を考える

復職を前にした環境づくりをするためには、行動計画に具体的に落とし込むことが大切です。そうすることで漠然とした不安を可視化でき、事実ベースで物事を整理できるようになります。また、行動計画を細分化したときに、どの部分が終わり、どの項目が終わっていないのかも、一目でわかるようになります。Dさんの場合は、第1子育休からの復職時の経験を参考にしながら書き出してもらい、確認をしていきました。育休復職が初めての場合は、次の点を相談者に確認しながら進めていくといいでしょう。

①保育園を選ぶ・決める

住まいのある自治体のホームページで保育園の申し込みに関する情報などを入手し、希望する働き方に合うか、自宅・最寄り駅との位置関係、特に荒天時の交通手段などを含めて考えます。保育園見学なども貴重な情報源です。

②子どもが体調を崩した場合の対応

「急に熱が出た」と保育園から連絡が入ったときに、誰が対応をするのかを含めてしっかりと考えて決めておくことが必要です。保育園から自宅までの間に「中継点」を用意しておくことも安心材料になります。

たとえば、中間点で小児科を探しておく。子ども連れでも安心して入れるようなカフェやキッズスペースがある公共の複合施設など、一時的に落ち着ける場所を探しておく。こうしておくと、漠然とした不安への心の負担が減ります。インフルエンザなどで1週間程度保育園を休む必要に備え、病児保育施設についても調べておきます。

③家族、友人との役割分担

育児を自分ひとりで抱えることなく、保育園通園時の送迎や子どもが体調を崩した場合の対応などをあらかじめ想定することが大切です。配偶者だけでなく、助けてくれる実家や親戚、友人や知人などがいれば、事前に相談しておくといいでしょう。

④会社の上司と相談

復職するときには上司に復職日・保育園・通勤時間と経路などを伝えることはもちろん、希望する働き方や勤務時間を人事や上司に伝えますが、復職後の業務内容を相談するとよいでしょう。他に気がかりな点も相談し、復職前に不安なことはできるだけ解消しておくことが望まれます。

4■キャリアカウンセリング時の要点

●働き方の支援に加え、中長期的キャリアの視点を加える

育休から復職する前の相談では、復職までに具体的に決めておくこと、会社の上司や配偶

者と相談することなど、具体的に整理し行動に移せるように支援します。一方で、「何となく皆がそうしているから復職した」という考えではなく、仕事に対する考えや中長期のキャリアを意識して、「なぜ、自分は復職して働くのか」「自分にとって仕事とは何か」「働くことでどのような人生を送りたいのか」も合わせて考えておくことが大切です。

過去の経験を振り返ることで、自分の強みやできることを再確認し、ロールモデルを意識することで、どのような将来像をイメージしているのかも、意識化することが大切となります。

5■キャリア支援者・人事担当者に必要な視点

●復職者本人への支援とともに、支える側への配慮も大切

復職者は、出産、育児と、人生において大きな転機に直面します。この転機を乗り越える支援が、復職者に向き合うキャリア支援者に求められます。さらに、出産・育児の経験により、人生観や価値観が大きく変化する場合があります。そのため「これまでのキャリアの考え方はこうだから」と、従来の延長線上で考えることはしないことです。改めて目の前の復職者の考えに耳を傾け、丁寧に掘り下げることが重要です。

キャリア支援者・人事担当者にとっては、会社として育児休業からの復職者が働きやすい

環境を整えます。両立者を支えることができるように、上司や同僚にも配慮しながら復職者の支援を考えるようにしましょう。

厚生労働省は、円滑な育休取得から職場復帰に向けての「中小企業のための『育休復帰支援プラン』策定マニュアル」を公開していますので、参考にしてください。

ケース 5

「テレワークができる仕事に変えてください」と相談されたら？

相談者
Eさん

37歳、女性、4年制大学卒、一部の部署でテレワークを導入している企業の社員、
勤続14年、非管理職、第二子育休から復職後1年経過、
家族：夫（40歳会社員、管理職）、子ども（5歳、2歳、同じ保育園に通園）

1■キャリア相談への経緯

●育児との両立のため、テレワークができる仕事に移りたい

相談者Eさんは第1子を32歳で、第2子を35歳で出産し、9時〜16時の短時間勤務制度を

利用しながら働いています。Eさんが勤める会社はテレワークを導入していますが、Eさんが担当する仕事はお客様と直接対応する必要があることや、使用している社内システムが自宅パソコンの環境では使用が許されていないこともあり、基本的に出社する必要があります。

通勤時間が1時間程度かかることや、2人の子どもが立て続けにインフルエンザに罹り、1週間超看護休暇を取得する必要がありました。あるときテレワークができる部署に異動した社内の知人と話す機会があり、それをきっかけに業務内容が変わるとは言え、テレワークを利用した仕事があるなら自分も移りたいと考え、来談されました。

2■キャリア相談の内容と訴え

●テレワークだと、迷惑をかけずに働けて、学びの余裕も生まれる

子ども2人を抱えて短時間勤務制度を利用しながら、育児と仕事を両立している相談者の家族との関係や子育ての環境などについて、現状を丁寧に聴き、大変さに共感し、ねぎらいの言葉をかけました。こうして相談者が安心して本音で相談できる関係をつくっていきました。子どもの発熱のために急に会社を休まざるを得ないとき、仕事の影響を最低限に抑えるために、どのような工夫をされているかなども引き出しながら、Eさんの仕事への姿勢・考え方の理解を深めていきました。

テレワークができる部署・仕事に変わることを考えはじめたのは、テレワークを利用している他部署の社員から話を聴いたこと。しかも、その人が新しいスキルを身につけて管理職になりたいという思いで仕事に挑んでいる姿勢も知りました。ちょうどその頃、子どもが立て続けにインフルエンザに罹り、1週間以上も仕事を休んだことで看護休暇の残り日数が突然、少なくなったことへの不安を抱いていました。また、職場を長く不在にしたことで周囲に迷惑をかけたとの申し訳ない思いもありました。テレワークにすれば、働き方が変わるし、自分も新たな知識を得る時間ができるのではないか、というふうに考えたのです。とは言え、上司を含めて周囲には打ち明けていないとのことでした。

3■キャリアカウンセリングによる支援と展開

【ステップ1】「現状の把握」と「相談者の理解」

●両立の大変さに共感しながら、仕事への向き合い方を引き出す

Eさんが仕事と子育ての両立で苦心されていることなどを労《ねぎら》いながら、話をよく傾聴していきました。大変ながらも子どもが成長していくうれしさや楽しさも引き出しながら進めました。同時に、現在の仕事に対する思いや苦労しながらも仕事を進めていった記憶に残る経験なども、入社来のモチベーションの動きを追いながら、一緒に言葉にしていきました。

話しぶりからテレワークが可能な仕事・部署に移りたいとの希望はあります。しかし、「どのような仕事をしたいか」は明確ではないこともわかってきました。そして、現在の仕事が嫌いではないこと、工夫をしながら仕事に取り組むことに達成感があることも話してもらえました。最も問題なのは、Eさんが自身の強みやスキルの理解が十分ではなく、テレワークでの働き方の良い点やむずかしい点も整理ができていないことでした。

【ステップ2】資源と強みの理解

●仕事での「当たり前のこと」から「強み」を見つける

来談のきっかけである「テレワークが可能な柔軟な働き方ができる部署・仕事に移りたい」との働き方の観点で、仕事や職業を選ぶこともあります。一方で、いくら自分の望み通りの働き方であっても、興味や関心がない仕事や身につけた強みを活かせない仕事であればどうでしょうか。

キャリアカウンセラーは、Eさんが自分の強みやスキルの理解について十分ではないと感じたため、丁寧に強みやスキル、さらには興味や関心を掘り下げていきました。Eさんは自分の強みを「コツコツと丁寧に取り組むこと」と表現したので、さらにその強みが活かされた場面を具体的に語ってもらうことにしました。

Eさんとしては「当たり前のこと」「できて当然」と考えていることかもしれませんが、実際の場面を語ってもらうと、第三者から見て強みと考えられる場合もあります。キャリアカウンセラーは、強みとしてしっかりと理解できるように、承認、伝え返しや要約をしながら進めていきます。

Eさんは「自分のリソース」を認識でき、気づきが深まったようでした。「勤務時間に制約がある中、どのようにして仕事をスピーディに進めるかをいつも意識しながら仕事をしていた」「子どもの体調不良で急に休まざるを得ない場合に備え、仕事の段取りの工夫や仕事の状況を見える化していた」などが引き出されて、強みを認識できました。

【ステップ3】今後のキャリアを考える

●目の前のことだけでなく、中長期のキャリアを考える

出社が必要で現在の仕事を続けるケース、仮にテレワークができる部署に移った場合のことを考え、紙に書き出しながら、一緒にその内容を整理します。キャリアカウンセラーは、このように相談者の話を紙に書き出すことも想定し、メモ用紙を常に持ってカウンセリングに臨むといいでしょう。

Eさんの場合は、今の働き方を続けるには、どのような状態になれば安心できるのかを把

握するために、第1子が小学校入学時のときに、気がかりな点を書き出しておくことにしました。同時に、自分だけでできること、同僚・後輩などのメンバーや上司の協力が必要な点も整理していきました。

さらに、テレワークができる部署・仕事に移った場合のことを検討しましたが、思ったよりも具体的に仕事のイメージを膨らませるのがむずかしく、「テレワーク」だけが、今の状況を解決できる方法であると、漠然と考えていたことに気づきました。そこで、すでにテレワークをしている社員に、この働き方の良い点・苦労している点を確認してもらい、次回のカウンセリングで共有し、検討することに決めました。

【ステップ4】将来のキャリアを描く／キャリア形成の行動計画

●今の仕事、テレワークができる仕事、それぞれを比べて整理する

Eさんは、当面は育児を重視するものの40代はキャリアのステップアップの大事な時期であるとの考えも持っていました。そこで、10年後の子どもの年齢と状況を考えてもらいました。10年後のEさんは47歳、子どもは15歳と12歳で、中学から高校入学の時期です。教育費の負担が大きくなりますが、子育ての体力負担は今よりも少なくなっていることがわかりました。

一方、現在と同じで雇用継続義務が65歳とすると、Eさんは今後25年近く働き続けることになります。長いスパンでキャリアを考えることで、当面の5年間は子育ての比重を高めながらも、ステップアップしている先輩の良い点を吸収する、ステップアップへの準備期と仮置きしました。テレワークが可能な職場であれば徐々に勤務時間を長くして経験値を増やしていく、現在の職場においても、子どもの小学校1年生の壁を乗り越えた時期から、少しずつ隙間時間を利用して興味のある「学び」に取り組んでいけたらうれしい、との希望を話されました。

【ステップ5】具体的な行動計画

●今の仕事の工夫、将来のスキルアップのための情報収集に取り組む

今の仕事の効率化を進めることは、制約された時間内で効率よく働く方法を見つけることにもなります。そこで、再度仕事の手順を見直すことにしましたが、自身の仕事の範囲だけでは効率化がむずかしい点もあります。そんな背景もあり、上流や下流工程に関する新たな知識を身につけることを当面の行動目標に設定しました。

さらに、将来テレワークをする際にも役に立つパソコンスキルも身につけることを考え、どのようなスキル習得が必要であるのか情報収集をはじめることにしました。Eさんは、会

社の研修制度を深く理解してはいなかったので、将来的なテレワークの希望を上司に伝える際に、自分の仮目標やスキル習得の考えも説明して、アドバイスをもらうことにしました。

4■キャリアカウンセリング時の要点

●働き方のプラス・マイナス両面を整理し、具体的行動につなげる

今回は、「テレワーク」を題材に、希望する働き方を実現するにはどうしたらいいかの相談としました。キャリア支援者としては、「相談者の希望する働き方を実現するにはどうしたらいいか」を中心に考え、解決策を検討しようとするかもしれません。

もちろん、希望する働き方を一緒に考えることは重要ですが、その点だけにとどまるのではなく、相談者の状況全体を把握したうえで「相談者の問題の核心は何か」を考え、相談者に気づいてもらうことが重要です。

テレワークができる部署や仕事に移ることで、自分の問題が解決すると思い込んでいる相談者の場合、テレワークのプラス面・マイナス面を考えてもらうことです。プラスとマイナスのどちらが大きいのか、あるいは、マイナスの部分を小さくするにはどのようにしたらいいか、さらには、今のタイミングで移ることが適切なのか、などを相談者と一緒に整理しましょう。そして、テレワークが必要なＰＣスキルが不足しているなどの課題に気づいた場合

は、今後どのようにスキル習得を図るか、といった相談者の行動につながる支援をすることも必要です。

5■キャリア支援者・人事担当者に必要な視点

●テレワークは、柔軟な働き方のための選択肢の1つ

2024年5月に、「育児・介護休業法」などが改正され、子どもの年齢に応じた柔軟な働き方実現のために、さまざまな措置の拡充が図られています。その中には、「3歳以上の小学校就学前の子を養育する労働者」に関して、事業主が職場のニーズを把握したうえで柔軟な働き方を実現するための措置を講じ、労働者が選択して利用できるようにすることが義務づけられました。この措置の中には、「テレワーク」も含まれています。

新型コロナ感染症をきっかけとして急速に導入が進んだテレワークですが、総務省の通信動向調査によれば、テレワークを導入している企業割合は約5割で、「導入していないし、具体的な導入予定もない」企業が増えています。このようにテレワークを取り巻く状況は変化していますが、育児や介護を両立するための1つの選択肢であることは間違いないでしょう。キャリア支援者や人事担当者は、相談者からの要望をまとめて、会社側に働きかけることも求められます。

ケース 6

「フルタイム勤務の働き方がイメージできない」と相談されたら？

相談者
Fさん

37歳、女性、4年制大学卒、メーカーの社員、勤続14年、非管理職
家族：夫（40歳会社員、管理職）、子ども（小学校5年、小学校3年）

1 ■キャリア相談への経緯

●フルタイムに戻ってからのキャリア形成が不安

相談者Fさんは第1子を26歳で出産、その後1年間の育休を取得、27歳で復職し短時間勤務（9時30分～16時30分）で働きました。2年後の29歳で第2子を出産、保育園への入園をスムーズに果たせず、結局2年間の育休を取得。その後、復職して37歳まで8年間ずっとそのまま短時間勤務を続けて今日に至ります。

人事規程では、子どもが小学校3年生まで短時間勤務を継続できますが、その後はフルタイム勤務に戻すことになっています。Fさんはフルタイムに勤務時間に戻した場合、今後どのようにキャリアを形成したらいいかに不安を抱き、来談しました。

2■キャリア相談の内容と訴え

●働く時間や仕事量が増えたときに、仕事と家庭のバランスがとれるか

これまで出産後約10年間、2人の子どもを育てながら短時間勤務をずっと継続し仕事と家庭の両立を図ってきたため、今後フルタイムに戻した場合の働き方が不安になりました。フルタイムは9時~17時で勤務時間もこれまでより増えるため、果たして仕事と家事・育児を両立させせワークライフバランスを以前と同様に図れるかは、とても不安です。

また、仕事量が増え業務内容もレベルアップするのではないか、果たして自分にできるのかが不安になりました。今後、管理職に昇格して役職付きになりたいという希望は今はありません。収入を得て、この会社に現在のように継続して雇用され、安定した収入を得て働ければそれでいいと考えています（この状態の人を通称「マミートラック」と呼びます）。

3■キャリアカウンセリングによる支援と展開

【ステップ1】「現状の把握」と「相談者の理解」

●うまく両立したいとの気持ちに共感し、キャリア形成の考えを整理する

Fさんがフルタイムに戻した場合に、仕事と家庭の両立をうまくできるのかという不安な気持ちに共感しながら相談者に寄り添い、フルタイムへ移行の「キャリア転機」を迎え、具

体的に何が不安で何が心配なのか、相談者の内面的理解を第一に深めます。

家庭と仕事の両立など、多様な不安や心配事を詳しく整理・まとめてその都度、確認しながら「伝え返す」ことで、訴えを理解したことを告げ、明確化し抱える課題を共有します。子育て中であるFさんは単に仕事を継続できればいいと考えているだけで、今後の中長期的なキャリア展望がほとんど描けていないことを頭に置きながら、今後キャリア形成という点では、どのように考えているのかを整理しながら傾聴することが必要です。

【ステップ2】資源と強みの理解

●承認とポジティブ・フィードバックを通じて、活かせる経験を引き出す

入社以来、今日まで働いてきた中で身につけてきた知識、スキル、経験など、どのような小さなことであっても、相談者に内蔵されているキャリアの資源（リソース）を引き出して、まず整理します。整理過程で大切なのは、相談者の強み、できること、得意なこと、今後に活かせるものや、苦労したけれども努力して乗り越えた経験などを本人はたいしたことではないと捉えているかもしれません。しかし、その中には今後に活かせる経験が豊富にあり、どんな小さなことであってもムダな経験はないことに気づいてもらうことが大事です。

自己効力感（今後もできるであろうというポジティブな見通し）が低下している相談者に対し、

できる限りの「承認」と「ポジティブフィードバック」を返します。こうしたプラスの働きかけにより、自信を失っている相談者は、自身の活かせる資源に次第に気づき、自己効力感を得ることができるようになります。

【ステップ3】今後のキャリアを考える

●価値観の優先順位と具体的行動を一緒に考える

どのような働き方を通してキャリア形成をしたいのかを整理するために、働くうえで大切にしたいこと（価値観）の優先順位と、そのための具体的行動について一緒に考えます。

これまで短時間勤務の中でこなせる範囲の業務や役割しかできなかったことに対し、やや引け目を感じ自信がない様子が見られることが、こうした相談者には散見されます。昇進意欲や成長意欲がなく、ただ現状を維持し安定した収入を得ることができればそれでいいと、キャリア形成に対しては消極的な姿勢を持っていることが共通点です。

キャリアに対する諦めや周囲との比較による自信のなさが背景にあります。だからこそ、キャリアカウンセラーはこれまでの努力や頑張りについて、どのような些細なこと――たとえば、時短の中でも常に努力していた点、外部のお客さんから感謝され、直接かけられた言葉などをできるだけ承認し、前向きな姿勢（growth mindset 成長意欲）を取り戻すような文援をすることが必要です。

【ステップ4】将来のキャリアを描く／キャリア形成の行動計画

●「将来の自分」から「現在への自分」へのメッセージで気づきを得る

カウンセリング技法の1つとして【タイム・マシンクエッション（Time Machine Question）】を使うといいでしょう。ありたい自分の将来像、未来の姿を相談者に具体的に語ってもらいながら、未来の自分の姿を描いてもらいます（相談者の望む未来像が明らかになる）。その後、自分が描いた「将来の自分」から、「現在の自分」へのメッセージ（アドバイス）を送るように促します。自分自身による「未来からのメッセージやアドバイス」を受け取ることで「何を思い・感じ、何に気づいたのか」を話してもらうことにより、現在を大切にすることの意味を理解することができるようになります。

キャリアカウンセラーは、相談者の気づきを引き出し、今後のキャリア形成、行動計画につなげていきます。大切なのはここでの相談者自身の気づきを深めることにより、今後のキャリア形成に活かすことです。必ずそこに「未来を描くヒント」が含まれています。

未来からのメッセージを大切にすることにより、自分のありたい未来の姿を実現することに前向きに動機づけられるようになります。

【ステップ5】具体的な行動計画

●優先順位をつけた課題から、「短期目標」を決める

理想を描くだけではなく、今後のキャリアを形成するにあたり、具体的に抱える現状の課題を整理します。できること、強みの整理は第一に優先されますが、同時に相談者が苦手なこと、不足していること、改善が必要と考える点など、1つひとつ詳しく丁寧に掘り下げていき、少しずつ整理をしていきます。

課題をあげ、優先順位をつけて行動に移せる課題を明確化し、具体的な行動計画を策定します。何よりも短期目標から入り、少しでも実行できるように励まし、行動に向けて相談者の背中を押してあげるといいでしょう。

4 ■キャリアカウンセリング時の要点

●自己効力感が低下した要因を理解し、丁寧な支援を行う

このような「マミートラック」にはまっているような相談者は、育休を経て復職したあと、守りの姿勢（Fixed Mindset：もうこのままでいい、無理して頑張らなくていい）に入りがちで、挑戦意欲が低下し、消極的な傾向が認められます。しかし、30～40代は環境変化に柔軟に適応し、現代社会では積極的に新しいことに挑戦しながら、経験学習を通して自律的にキャリ

アを開発することが欠かせません。

相談者の自己効力感が次第に低下した要因をよく理解し、相談者の有する資源、強みや得意（Can）を引き出し、今後のありたい姿、やりたいこと（Will）を支援するために、そのための自己啓発行動（Must）へと導く、細やかで丁寧な支援が欠かせません。

また、1回の支援だけではなく、継続してその後もフォローし、努力に対しポジティブなフィードバックを送りながら、しばらくの間は励ますことも必要です。継続してフォローしながら励まし背中を押し、行動をする中での気づきを引き出し、具体的な助言・指導のカウンセリングを隔月を目安に実施することも効果的です。必要に応じ、本人の了解を得て現場（直属）の上司との連携、上司との3者面談も効果的です。3者面談では職場での上司からの声のかけ方、ポジティブなフィードバックの送り方なども支援ができるといいでしょう。

5■キャリア支援者・人事担当者に必要な視点

●時短であっても挑戦する機会を用意し、意欲を育てる

上司はこうしたマミートラックの女性社員に対し、面談において今後のキャリア計画、どうありたいのか、何をしたいのかを具体的に質問し自律的に考えさせることで、キャリア意識を持ってもらいます。このように上司は部下を育成していく役割があります。

たとえFさんが時短勤務であっても新たなことに挑戦するチャンスを用意し、自己効力感を育てることを怠らない支援が必要です。そのためにも人事考課では、時短勤務形態をマイナス評価にせず、努力した成果を基準に正しく公平に評価することが大切です。

ケース7

「女性管理職としてうまくマネジメントできない」と相談されたら？

相談者
Gさん

40歳、女性、4年制大学卒、メーカー勤務、管理職（営業所長）、勤続14年、家族：夫、子ども（中学生）、同居の義母

1 キャリア相談への経緯

●営業所長に昇格したが、管理職としてのマネジメントがうまくいかない

相談者のGさんは、卒業してから薬品メーカーに勤務し、長年営業職のMR（医薬品情報を提供する仕事）を担当してきました。営業成績も良く地域の大病院の担当を任され、病院の医師たちからも、大変信頼され、充実した仕事を続けてきました。

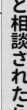

こうしたGさんの努力や成果が評価され、営業所の業績への貢献度の高さから、半年前に女性の営業所長第1号に推挙され、隣県の小規模の営業所を所長として任されることになりました。しかし、昇格したものの営業所長（管理職）としてのマネジメントが思ったようにはうまくいかず悩むようになり、キャリア相談にきました。こうした女性マネジャーが年上男性部下のマネジメントに苦労して悩みを訴える相談が増えてきています。

女性活躍推進・ダイバーシティを推し進める中で、ミドルの男性で昇格ができないまま滞留している人たちのうえに女性マネジャーが来る事態そのものに、抵抗を示す態度が出ているようです。

2■キャリア相談の内容と訴え

●年上男性部下とのコミュニケーションがうまくいかない

営業所には社員が14名いますが、うち3名はGさんより年上の50代の男性社員です。実はこの年上社員3人のマネジメントがうまくいかずGさんは困っています。彼らを厳しく助言指導しても、特段の変化が見られず、成績は相変わらず一向に振るわず、彼らとのコミュニケーションもうまくいかないような状態です。上司として大変悩んでいる状況であることをキャリアカウンセラーに訴えました。

3■キャリアカウンセリングによる支援と展開

【ステップ1】「現状の把握」と「相談者の理解」

●営業姿勢や意欲を変えたいと指導するがうまくいかない

部下の内訳は20代が4名、30代が6名、40代が1名、50代が3名です。Gさんは最初、年上社員の様子をしばらくの間は観察していましたが、彼らは営業への姿勢も意欲も低く、そのため所長として彼らを指導し何とか変えたいという強い思いを抱きました。そこで、Gさんは期待している姿勢を示しながら「営業活動にさらに積極的に取り組み、皆さんの豊富な経験を活かしてこれまで以上に貢献してくださいね」と励まし応援しました。しかし、一方、彼らの改善点を指摘し、現状の態度を変容させ意欲を高揚させようとしました。

しかし、彼らにはほとんど努力が見られず、成績は相変わらず低迷したままでした。特に、年上の社員は、所長であるGさんとは、コミュニケーションを積極的にとろうとせず、むしろ避けている状態です。そしてあるとき、年上社員たちが「所長は単に女性活躍推進のための昇格なんじゃないか」と陰で言っていることを耳にしたのです。大変なショックを受けて落ち込んでしまいました。所長として営業所の業績を上げたいという強い希望を持っているにもかかわらず、それが現場のメンバーに伝わらず、上司として悩んでいる状態です。

【ステップ2】資源と強みの理解

●強みのリソース、ロールモデルとの比較

キャリアカウンセラーはGさんがMRとして営業で、これまで人一倍努力し、その頑張りが認められ評価されたことを何よりも承認し、結果として営業所長にまで昇格したことを褒めました。どのような努力をして成果をあげてきたのか詳しく内容を聴き、その過程で身につけた営業としての強み（スキルや知識、経験、行動）を整理しました。こうした強みのリソースの振り返りを行う中で、Gさんには自信を取り戻してもらいました。

そのうえで、Gさんが部下だった頃、どのような上司（所長）と一緒に仕事をしてきたのか、優れた所長はどのような能力を備えていたのかなどについて話してもらい、丁寧に強みのリソースの振り返りも行いました。具体的には、ロールモデルとなる優れた所長と比較して、Gさん自身の弱み、不足している点についても話してもらい、まとめてもらいました。

【ステップ3】今後のキャリアを考える

●尊敬されるマネジャーになるための気づき

次に、自身が蓄積した資源（リソース：強み、得意）を活かし、相談者が今後どのような働き方をし、どのようなキャリアを形成したいと望んでいるのかについて、中長期的な視点か

ら一緒に考えました。

まず、新任の営業所長として、何を大切にし（価値観）、どのような所長となり、何を目指したいのか（Will）、単に営業所の業績を上げるだけにとどまらず、営業所の所員が働きやすく、部下のやる気・意欲を高揚し、やりがいが感じられるような明るい風通しのよい職場風土づくりをするためには、どうしたらいいかも相談者に問いかけました。

これらの課題を内省してもらい、考えや希望を自由に言語化しながら、「尊敬されるマネジャーになることを願っている自分」になるための気づきがあれば、そこを深く掘り下げてもらいました。次に、職場の雰囲気を改善するためには今後、年上の男性部下とどのように効果的なコミュニケーションをとり、彼らをうまく巻き込みマネジメントを行っていくかを考えてもらいました。

【ステップ4】将来のキャリアを描く／キャリア形成の行動計画

●部下の長所や今までの貢献を認め、相手の承認欲求を満たす

どのような所長になりたいのか、所長としてどのようなマネジメントを行いたいのか、目指す姿、達成目標が明確化されたうえで、所長として抱える改善課題を整理しました。特に、年上の男性部下とのコミュニケーションの改善点に的を絞り、自分から彼らに対して声をか

け、彼らの話を傾聴・共感し、承認するところがあれば褒め、認め、彼らが抱える悩みやさまざまな課題も共有することを勧めました。

営業成績を改善するために、プレゼンの仕方やアプローチ法などでまだ改善の余地がある点を彼ら自身に考えてもらいながら課題を引き出しました。このときに、すぐに指示をせず彼らの自律性を尊重しました。

上司として言うべきことは、はっきり厳しくとも言わなければなりませんが、誰にでも長所や優れた点は必ずあります。マネジャーとしてそれを見つける努力をすることが何よりも大切です。年上の部下がこれまで長年に渡り営業として頑張り会社に貢献してきたことを認め・承認すること——承認欲求を満たすことに力を注ぐ必要性に気づいてもらえるように、キャリアカウンセラーは支援をします。年上の社員である彼らへの言葉づかいには、礼儀など配慮することの大切さにも気づいてもらいます。

【ステップ5】具体的な行動計画

●部下へのアサーションの仕方を練習をする

年上部下とのコミュニケーションの仕方を現場に即して、カウンセリング中に、実際に試してみるといいでしょう。これを「リハーサル」と言います。キャリアカウンセラーを実際の年上部下と見立て、どのように声をかけたらいいのか、どのように褒め、承認するのか。反対に、厳しいことでも具体的にどのように率直に伝えるのか、「アサーション（自己主張）」の仕方を、現場での場面を想定して実際に練習を行いました。

カウンセリングの中で一度練習をし、カウンセラーがコメントし、相談者の伝え方を修正します。現場での効果的な「アサーション」をカウンセリングの場面で練習することによって、Gさんの自信を再構築しました（「アサーション」は第3章を参照）。

4■キャリアカウンセリング時の要点

●理想の管理職像から、自己のマネジメント上の課題を整理する

女性が管理職に昇格した場合によく見られるのが、この相談にあるように「年上の男性部下」のマネジメントについて困惑する女性管理職の姿です。事例のように、特に初の女性所長のようなケースでは、女性が会社からの抜擢に応えて、「会社の期待に応えよう」と、肩に力が入りすぎる傾向があります。

また女性上司だからと「甘く見られたくない」と強く意識しすぎて、必要以上に強いリーダーを演じようと、無理をして自分らしさを失うことも散見されます。しかし、本人は無意識であって、こうした態度や行動に気づいてない場合も多く見られます。こうして年上の男

性部下との葛藤に悩み、マネジメントに次第に自信を失い悩む女性管理職がキャリア相談室には現れます。

そこでキャリアカウンセラーがこうした相談を担当したときは、「どのような管理職になりたいのか、どのような上司になりたいのか」の原点に戻ってもらい、自己の具体的マネジメント課題を整理する中で、本来の自分を取り戻してもらいます。

できたら、しばらくの間はキャリアカウンセラーが、年上の部下に対するマネジメント行動をフォローし、女性管理職の悩みや愚痴も含めてすべてを受容しながら、温かい眼で支援するといいでしょう。

5■キャリア支援者・人事担当者に必要な視点

●マネジメント研修やメンター配置などにより、管理職を育成する

年上の部下に対するマネジメント法を知るには、「新任管理職研修」に参加するなど、研修を通して、その基本について学習していくことが必要です。また、状況をみながら必要に応じ、新任管理職を支援する上位の管理職（斜めの関係にある部長など）がメンターとして機能できるといいでしょう。

ケース 8

「ジョブ型の人事制度に変わるのが不安です」と相談されたら？

相談者
Hさん

42歳、男性、4年制大学卒、メーカー勤務、係長、勤続20年、
家族：妻（40歳、パート社員）子ども（小学校2年生、小学校1年生）

1 キャリア相談への経緯

●「ジョブ型人事制度」導入で、これからのキャリアが不安

相談者のHさんは、新卒で今の会社に入社以来ずっと購買部門の仕事を担当しています。課長を目指していますが、5歳上の先輩が昨年課長に昇進してからは、遠のいてしまった感じです。

これまでは、与えられた仕事を堅実に対応することで「能力・できること」が伸長すれば、昇進が可能になると思っていましたが、翌年からは管理職、非管理職を問わず、ジョブ型人事制度（職務型処遇）に変更するとの説明を受けて不安になりました。人事や部門長からの説明を受けてはいますが、役割やポストに給与が紐づくと聞いており、今のままだと将来が不安でしかありません。

2■キャリア相談の内容と訴え

●40代キャリア研修に参加し、制度変更を「自分事」として考える

1年前に会社からジョブ型の人事制度に変えるとの通知があり、人事や部門長の説明を受けました。そのときは、今の給与が下がらないように当面は考慮するとの人事部署の説明もあり、何となく「他人事」として受け止めていました。

ところが、先月参加した「40代社員向けのキャリアプランセミナー」で、グループ討議のときにショックを受けたとのことです。自分以外のメンバーが、ジョブ型人事制度に向けての懸念や期待を発言していて、今まで深くは考えてこなかったことに気づき、改めて「自分事」として考えはじめたそうです。

子どもは小学生2人で、これからその教育費負担が大きくなってくるので、少しでも処遇を上げたいと考えています。しかし、ジョブ型の人事制度では処遇がポストや役割に紐づくことになり、今の係長のままでは給与は上がらないことになります。そして、今の課長が退職するまで、自分の昇進はむずかしいのではないかと感じています。さらに、担当する業務もIT化が進みつつあり、自分の活躍する余地が、少しずつ小さくなってきている感覚も持っているとのことでした。また、担当する業務もIT化が進みつつあり、自分の活躍する余地が、少しずつ小さくなってきている感覚も持っているとのことでした。

3■キャリアカウンセリングによる支援と展開

【ステップ1】「現状の把握」と「相談者の理解」

●今の職場は居心地がよく、安定して続けていくことが重要

Hさんは、購買部門に属しており、メンバーが7名のチームの係長です。入社以来メンバーが大きく変わることはありませんが、課長が昨年係長から昇進、30代半ばの部下が他社に転職したくらいで、ほぼメンバーは固定されています。気心は知れた仲間なので、居心地は悪くありません。

Hさんの仕事は、生産管理部門からの指示に基づき各メンバーが正確に手配しているかどうか、チーム全体をカバーすることです。資材調達の過程でのコスト軽減も求められているため、各メンバーの購入先の選択や交渉を見守りつつ、必要に応じてサポートに入るなどしてコスト圧縮計画が進むように運営しています。忙しいながらも充実した日々で、長く安定的に働き続けたいと考えています。

【ステップ2】資源と強みの理解

●管理者、プロジェクトメンバーとしてのやりがいや苦労を引き出す

キャリアカウンセラーは購買の仕事に真面目に取り組み、係長としてチームメンバーをと

りまとめながら、会社のコスト削減計画への取り組みを進めているHさんを承認し、褒めながら進めました。特に、Hさんがメンバーのマネジメントをどのように工夫しているのか、コスト削減を進める中で苦労したことや乗り越えたことなど、今までの経験における節目の出来事を引き出し、具体的な仕事の場面を共有する流れを通して掘り下げていきました。

さらに、最近の購買部門に求められているとして、SDGs調達を意識することが全社的な課題であること、Hさんはそのプロジェクトチームの一員であることが共有されました。SDGsのプロジェクトでは、チームの中心となり活動することに、やりがいを感じているとのことです。

【ステップ3】今後のキャリアを考える

●大切にしたい「アンカー」を知り、キャリアの方向性に活かす

今後のキャリアを考えるために、自己概念をより明確化するために、「キャリア・アンカー」によるアセスメント」を利用することにしました（キャリア・アンカーについては第4章を参照）。事前のアセスメントの結果で、最も点数が高いアンカーは「奉仕・社会貢献」でしたが、次いで「専門・職能別能力コンピタンス」で、少し点数が開いて「保障・安定」が続いていました。一方、一番点数が低かったアンカーは、「自律・自立」でした。

アセスメント結果に対するHさんの感想は、SDGsプロジェクトのメンバーとして参加しているときの充実感が反映されていることや、専門性についても大切に感じていることなどが言葉となって表現されました。今後のキャリアとしては、今の会社・仕事での専門性を高めながら、何らかの貢献をしていくことを「キャリアの大きな方向観」とすることに決めました。

【ステップ4】将来のキャリアを描く／キャリア形成の行動計画

●ポータブルスキルの考えも使い、伸ばしたい点・スキルを洗い出す

カウンセラーは、これから明らかになる新しい処遇・等級制度について、Hさんが情報収集を進めようとすることを承認し、どのように進めようと考えているのかを引き出しました。さらに、スキルや強みを「ポータブルスキル」の観点で整理するように助言しました。

「ポータブルスキル」は「職種の専門性以外に、業種や職種が変わっても持ち運びができる職務遂行上のスキル」とされており、「仕事のし方（対課題）」と「人との関わり方（対人）」に分けて考えています。カウンセラーは、厚生労働省のホームページにある「ポータブルスキル見える化ツール（職業能力診断ツール）」も利用しながら、Hさんのポータブルスキルを一緒に整理しました。

【ステップ5】具体的な行動計画

●社内ネットワーク強化、社内外の「学び直し支援制度」を調べる

Hさんは、具体的な行動計画として、新人事制度の情報収集、SDGs推進プロジェクトでのメンバーとの交流を深め、社内ネットワークを広げることを目標としました。さらに、現在の仕事の専門性を高めるために、「ITに関する基礎知識の習得」も目標に加えました。

そこで次回カウンセリングまでに、勤務先の学び直し支援制度や経済産業省「マナビDX（経済産業省・独立行政法人情報処理推進機構（IPA）が運営するデジタル人材育成プラットフォーム）」などで、具体的な知識習得方法について考えてくるとのことです。

さらに、カウンセラーは、これからの仕事や生活のことを、家族と話をすることを提案したところ、Hさんは「子どもの将来のことも含め、お互いの考えを分かち合いたい」と前向きな考えを示されました。

4■キャリアカウンセリング時の要点

●当面の問題への適応と、中長期視点でのキャリア支援を心がける

今回は、新しい人事制度導入をきっかけとして来談されたことから、新制度に対する理解を深めて、変化に適応する支援が重要となります。一方で、42歳という年齢（中年初期）を

考えると、ワークとライフの両方の視点から、今までを振返り、これからのキャリアを考える重要な時期とも言えます。

このため相談者の価値観・仕事観や、自分自身は何者か、何をしたいのか、自分の人生のテーマ（ライフテーマ）は何か、といった自己理解を深めることが、将来の自分らしいキャリアを歩む視点で重要になってきます。この意味でカウンセラーは、相談者の自己概念を明らかにしながら、中長期的なキャリアを一緒に考える支援が必要です。

5■キャリア支援者・人事担当者に必要な視点

●面談を通じて把握した社員の考えを、組織の施策に活かす

政府は2023年5月の「三位一体の労働市場改革の指針」において、「個々の企業の実態に応じた職務給の導入」を、そして2024年8月には「ジョブ型人事指針」を示しました（内閣官房　新しい資本主義実現本部　ジョブ型人事指針）。

ジョブ型人事制度にとどまらず、新しい人事制度を導入する場合は、社員が不安に感じることも多く、企業としては社員の制度理解のために説明会を実施するなど、さまざまな手段を講じることになるでしょう。

このような場合、企業側から社員を指名する形で面談が行われることも考えられます。面

談の結果をまとめて、「社員がどのような点に不安を感じているのか」「制度変更を受けてどのようなキャリアを歩んでいきたいと望んでいるのか」などを把握したうえで、経営層に報告を行うことも考えられます。

ケース 9 「定年を前にして働き方に迷いがある」と相談されたら？

相談者 Iさん

53歳、男性、4年制大学卒、メーカー勤務、管理職（課長）、勤続30年、家族：妻、子ども（中学2年生、小学6年生）

1 キャリア相談への経緯

●研修を受け、今まで描いていたキャリアでは、むずかしくなっている

相談者のIさんは、大学を卒業してから現在の会社に勤務して30年が経ちました。先日参加した50代のキャリア研修では、これからのキャリアについて考えさせられることも多くありました。特に、今まで思い描いていた50代や60歳の定年以降のキャリア像と、企業が想定するキャリア像（働き方）とに大きな隔たりがあることでした。

1カ月後にはIさんは上司との2者間で「キャリアの面談」が行われることもあり、その前に考えを整理しておきたいと願い、来談しました。

2■キャリア相談の内容と訴え

●キャリアを会社にゆだねることはできず、自分で考えないといけない

Iさんが働いている会社では、57歳で役職定年の制度があり、課長や部長などの役職に就いている社員は役職がなくなり、処遇も下がることになります。Iさんは、先輩から役職定年制度についての話は聞いていましたが、まだ5年以上先だから今すぐ考えなくてもいいだろう、処遇が下がるのは厳しいけれど、60歳以降も企業側が何か仕事を準備してくれるはずなので、「日々、節約すれば生活は何とかなるはずだ」との考えでした。そんな気持ちでいるときに参加した研修の中で、「他企業ではすでに導入されている『50代社員の社内転職制度』を取り入れる予定」という事実を初めて耳にし、ショックを受けました。

役員を除いて、役職に就いている社員は一律に「役職定年」を迎えると処遇が下がるものの、60歳からは会社から言われた仕事をすればいいと、漠然と考えていたからです。しかし、この制度は自分自身の選択で処遇が上がる場合もあるし、仕事の内容も変わることもあり得る

ということです。説明を聞いて「社内転職制度」に手を挙げない社員は、「キャリアを考えていない人」とレッテルを貼られるような気もしました。こうして「あとは定年を迎え、社内でのんびりと働くのも悪くないかな」というIさんの思いが打ち砕かれたのでした。

研修の中では参加者同士での意見交換がありましたが、「導入される新制度は自分にとって好機」と位置づけて希望する仕事への思いやその準備もしていることを熱く語る人もいて、自分だけ取り残されたような気持ちになったと言います。60歳までどのように働いていいかわからず、混乱しているとのことでした。

3■キャリアカウンセリングによる支援と展開

【ステップ1】「現状の把握」と「相談者の理解」

●研修を受けての思い、今までの定年後に対する考えを言葉にする

研修に参加して戸惑いを覚え、なぜ自社も制度を変えるのか、といったさまざまな感情をIさんは抱きました。それに対して「研修に参加して、どのような気持ちになったか」との問いかけを通じて、Iさんの感情の1つひとつを受け止め、丁寧に寄り添いながら進めていきました。定年までや定年後の働き方・過ごし方について、今までどのように考えてきたのかも語っていただき、これまでの考え方や人生設計を理解していきました。

Ｉさんとしては、２人の子どもの教育費負担などもあり、60歳以降もできるだけ長く働くことを希望しています。手術などの経験はなく、健康面では大きな懸念はありませんが、持病もあり服薬治療中でもあるので、あまり無理はしたくないとの考えもあるようです。

【ステップ2】資源と強みの理解

●「ライフラインチャート」を使って、今までを振り返る

カウンセラーは、30年間の仕事経験を振り返り、Ｉさんの強み（スキル、知識、経験、行動）を、丁寧に掘り下げていくことにしました。その際、ライフラインチャート（時間を横軸、仕事や生活の満足度を縦軸にして、社会人になってからの満足度の変化を振り返るグラフ）を、相談者に作成してもらいながら進めました。

このライフラインチャートを使うと、過去の充実していた場面、苦労した場面、あるいは、転換点を意識することができ、自己理解が深まります。Ｉさんから頑張った話が出てきたときは、カウンセラーはその事実をしっかりと承認します。苦労したり、困難を乗り越えたことを語るときには、共感しながら応答しました。今までのキャリアを振り返り、自分の強みに気づいたことで、来談時の困惑した表情から少しずつ自分の経験に自信を取り戻したのか、柔和な表情に変化していきました。

ライフラインチャートを作成し、今までのキャリアを振り返ると、自分自身の「大切にしたいこと」「価値観」にも気づくことがあります。キャリアカウンセラーは、Iさんの価値観についても明らかにしていくことにしました。チームメンバーと良好な関係を保ちつつ周囲に貢献すること、安定的に長く働きたいことを大切にしたいとのことです。

【ステップ3】今後のキャリアを考える

●まずは、「定年までの期間をどのようにするか」から考える

丁寧に今までのことを振り返ったあと、今後のキャリアを考えていくことにしました。カウンセラーは、「60歳の定年まで」「60歳から65歳までの定年後再雇用時期」「65歳以降」の3つのステージを連続して考えることの大切さをIさんに理解してもらいました。

社内転職制度については、「手を挙げない社員は、キャリアを考えていない人とレッテルを貼られるような気がした」と偏った思い込みをされていました。そこで具体的な考えを掘り下げることにしました。振り返りを通じて、自分の大切にしたいこと・価値観に改めて気づいたIさんは、「社内転職制度」は1つの選択肢に過ぎないとし、「社内転職制度」には現段階で手を挙げることの優先順位は低いという思いにいたりました。

そこで、「60歳の定年まで、今の仕事にどのように向き合っていくか」についての整理か

らはじめることにしました。その際に、

・仕事のやり方の工夫
・仕事への新しい意味づけ
・新しい人間関係

これらの切り口で整理することに決めました（第3章のジョブ・クラフティングを参照）。

【ステップ4】将来のキャリアを描く／キャリア形成の行動計画

●社内外の人的ネットワークを拡大と、IT化への対応が課題と認識

話を掘り下げていくと、Iさんの課題として社内・社外のネットワーク、関係性が明らかになりました。社内の上司・部下との良い関係を維持することに熱心なのですが、上司とはキャリアについてきちんと話をしていなかったことや社内でも直接関係する部署とのつながりは良好なものの、間接的に関係する部署などとのネットワークの広がりが少ないことが挙げられました。さらに、研修の中で行ったチェックシートでは、地域を含めた社外の人たちとの関係性・人脈づくりが行われていないことも明らかになりました。

また、目の前の仕事に対して工夫をして効率化を積極的に進めているかについては、新しいＩＴを使った効率化には苦手意識があり、部下に任せっぱなしであることも課題として、見出されました。

【ステップ5】具体的な行動計画

●社内の副業経験者、町内会活動など、ネットワーク拡大に動き出す

行動計画としては、1カ月後のキャリア面談に向けて計画を立てることにしました。ネットワークの拡充に関しては、研修でのグループ意見交換の場で、積極的に社内転職制度を利用しようと発言していたメンバーは、副業制度も利用しながら社外の人脈を構築していたとのことでした。

副業は自分にとって縁遠く関係ないものとして気にもとめなかったIさんですが、今度、研修で一緒になった参加者に連絡をとって、どのようなきっかけで、どのように社外の人脈を広げていったのかを聞いてみるとのことでした。さらに、町内会の活動は、もっぱら家族に任せていたとのことですが、少しずつ関心を持っていきたいとも話されました。

ＩＴスキルなどの新しい知識の学びについては、具体的なことを決めることができませんでした。そこで次回の面談までにIさんに調べてきてもらうことになりました。その他に家

庭での過ごし方や地域との関わり方、趣味やボランティアといったプライベートなことまで、家族の考えも聴いて、整理し、その結果は上司とのキャリア面談がある1週間前に、再度カウンセリングの時間をとって話してもらうことにしました。

4 ■キャリアカウンセリング時の要点

●個別性・多様性に富んだ50代、必要に応じ認知的アプローチも

20代、30代に比べて50代は、個別性・多様性が高いとも言われています。キャリアについての悩みは仕事だけではなく、介護などのライフに関するものも多いでしょう。また、社会人経験が長く、さまざまな経験をしているので、必ずリソースは持っていますが、本人としては当たり前のことなので強みとして捉えていないケースも多々あります。

従って、50代のカウンセリングでは、丹念に今までの経験、特に乗り越えてきた経験を振り返り言語化し、承認し意識づける、自社・自部署だけではなく他のところでも活用できる強み・スキルを意識してもらいながら進めるといいでしょう。

社会人としての経験が長いがゆえに固定的な考え、偏った思い込みがある場合もあります。そのため立場や視点などを変えてものごとを捉え直すことや、新しい考え方を取り入れるなど、認知の偏りを直すアプローチも大切です（認知へのアプローチは第3章を参照）。

5■キャリア支援者・人事担当者に必要な視点

●組織内で活躍しているミドル・シニアに特徴的な5つの「PEDAL行動」

働き手不足の状況の中で、50代以降の人材が高いモチベーションで働く職場にすることは、今の会社・人事にとっても、重要な課題の1つと言えるでしょう。

40～60代のミドル・シニアを対象とした法政大学石山恒貴教授とパーソル総合研究所の調査では、「組織内で活躍しているミドル・シニアに特徴的な5つの行動」をまとめ、そのアルファベットの頭文字をとってPEDAL行動と命名しています。具体的な内容ですが、

①Proactive（まずやってみる）
②Explore（仕事を意味づける）
③Diversity（年下とうまくやる）
④Associate（居場所をつくる）
⑤Learn（学びを活かす）

です。5つの観点からミドル・シニアがいきいきと働く職場にすることが大切です。

●図表 2-1　ミドルシニアに共通する5つの行動

1. Proactive まずやってみる	失敗をいとわず試行錯誤しながら挑戦する、新しい仕事や業務にも先入観を持たずにやってみる、過去の経験や自分のこだわりにとらわれない。
2. Explore 仕事を意味づける	自分にとっての意識や価値を報酬や肩書以外の側面で捉える、全社最適、俯瞰した視点で自分の役割を理解している、自らが組織貢献できることは何かを考える。
3. Diversity 年下とうまくやる	年下の上司とも良好な関係を築く、仕事を進めるうえで相手の年齢にはこだわらない、年下や後輩に教わることをいとわず謙虚に学ぶ。
4. Associate 居場所をつくる	他部門や社外の人と積極的にコミュニケーションする、多様な人と新たな関係をスムーズに構築する、積極的に異なる意見や主張を周りから引き出す。
5. Learn 学びを活かす	①経験したことを②分析している、③応用が利くように④仕事のコツを見つけている、⑤自分なりのノウハウに落とし込んでいるなど 5 つの行動である。

相談者
Jさん

ケース10 「メンタル不調から復帰後のキャリアが描けない」と相談されたら？

36歳、男性、大学院修了、IT企業勤務、新規事業企画部、家族：妻

1 キャリア相談への経緯

●中途半端な回復でいったん復職したが再度休職となる

相談者Ｊさんは、ＩＴ企業の情報技術開発担当者です。会社が新規事業分野で社運をかけた新たなＡＩ技術プロジェクトの開発リーダーの役割を命じられ、前年からプロジェクトリーダーとしての役割を担っていました。社長直結の大事なプロジェクトであり、２年以内にその新製品を開発・完成させ、製品として売り出す計画です。今年は完成年度であり、Ｊさんはリーダーとして残された10カ月で開発メンバーを引っ張りまとめ、完成まで持っていかなければならない状態に置かれていました。

しかし、先月から最後の部分での開発の進捗状態は、計画通りになかなか先に展開できず、リーダーとして悩み、頭を抱える状態に陥ってしまいました。４カ月に１回社長に直接、新

規事業開発プロジェクトの進捗状況を報告することになっています。その報告会で予定より開発がずいぶん遅れていることについて、社長から厳しい指摘や今後への注意を受け、落ち込んでしまいました。

そのとき以来、Ｊさんはリーダーとして焦りを感じ、今後の開発の見通しや進展への強い不安を感じプロジェクトのことを考えると、次第に夜も寝つけなくなってしまいました。焦燥感や不安から次第に精神不安定になり仕事が手につかず、上司のすすめもあり精神科を受診しました。診断は「抑うつ症状」。「しばらく仕事から離れ休職するように」と医師から休職を命じられました。

医師から投薬を受け、仕事から離れて、とりあえず1カ月ほど休職しましたが、自宅で休んでいても、責任感の強いＪさんは精神的に落ち着かず症状は改善されませんでした。こうしている場合ではないと思い、医師に復職可能の診断書を書いてもらい、復職しました。休職して遅れた分を取り戻そうと、復職後は無理を重ね一生懸命働いた結果、再び体調を崩し再休職（6カ月）となりました。

このため部長は同じプロジェクト担当の後輩技術者（35歳）をＪさんに替わってリーダーに命じたため、大変不本意でしたがリーダー役を降りることになったのでした。

2■キャリア相談の内容と訴え

●2度のメンタル不調で休職し、方向性や目標を見失う

Jさんはメンタル不調により1カ月、6カ月と合計7カ月間の休職をしました。2回目の復職後は、リハビリ出勤を行い、徐々に慣らすために短時間勤務（10～15時勤務）から開始して今に至ります。会社への復職は果たしたものの、リーダー役から降ろされたという現実に直面し、「今後のキャリアに不安」を抱えて悩み、2回目の復職後にキャリア相談室に来談しました。

会社から能力を評価され、大変将来を嘱望・期待され重要なＡＩの新規事業開発のプロジェクトリーダーに抜擢されたのにもかかわらず、体調を崩し休職してリーダーを降ろされ、自分がかつて描いていたキャリアが中断されたことでショックを受けていました。「今後のキャリアの方向性や目標を見失い」漠然とした不安を訴えました。自分は社内で今後どのように働いたらいいのか、キャリアの方向性が描けなくなり、先が見えないという辛い思いでいたのです。

また、2度もメンタル不調で体調を崩し仕事から離れて休職したことから、「何度もメンタル不調になった自分は使えない」と思い込み、人事からもレッテルを貼られたのではないかという不安も訴えていました。

3■キャリアカウンセリングによる支援と展開

【ステップ1】「現状の把握」と「相談者の理解」

●1人で抱え込んでいた悩みをカウンセラーに話す（放つ）

Ｊさんのこれまでの貢献にじっくり耳を傾け、深く共感をしながら、今日まで大変な苦労があったことを正しく理解しました。プロジェクトリーダーとしての熱い思い、貢献、責任感とその努力を承認し心から労いました。事業の成長はＪさんの多大な貢献があったからこそ、ここまでプロジェクトが進捗できた事実があることも共有しました。

また、その過程で実際に何に悩み、辛い思いをし、苦労をされたのかなども傾聴し、辛かった経験とそのときの感情を共有しました。相談者は困難や悩みをたった1人で抱え込み、辛かったことをカウンセラーに話す（放つ）ことで、ネガティブ感情から解放され、気持ちが軽くなり、ほっとした様子が見受けられました。

現在はリーダーを外れ「アドバイザー」のような立ち位置で、特に開発には関わっていないとのことです。心身ともに楽になったけれど、とても寂しいという気持ちを吐露してくれたので、キャリアカウンセラーは感情をしっかり受け止め、深く共感しながら伝え返しを行いました。伝え返しをしたことで、「あなたのことをありのまま深く理解しましたよ」というメッセージを送ることができ、安心してもらうことができました。

【ステップ2】資源と強みの理解

●健康を取り戻すことで、再び企業の発展に貢献できる

Jさんには学生時代からのAIの専門的研究や成果、その後入社以来の具体的に携わってきたIT開発研究業務、そこでのやりがいと達成感、成果などについて話してもらい、強み、売り、専門性、業績を総合的にまとめ整理してもらいました。これらを一緒に整理しながら、当社にとってJさんは非常に専門性の高いスペシャリストであり、専門性が高く有能な人材として当社に欠かせない大切な人材であることをカウンセラーは承認しました。有する力は健康を取り戻すことにより、必ず社内で継続して力を発揮し企業の発展に貢献できるだろうということを確認しました。メンタル不調で休職しプロジェクトを降ろされ、寂しく感じていたJさんに、強みを今後も大切にしてほしいと伝えました。

【ステップ3】今後のキャリアを考える

●健康回復を最優先、長期的キャリアは回復してからでも遅くはない

メンタル不調から復職してそれほど長い時間もたってないため、今後に対する焦りを決して抱かせないように配慮をし、36歳とまだまだ若いJさんが、長い目で焦らずこれからどのような分野で有する強みや資源を活かした仕事をしていきたいかを話し合いました。Jさん

には、専門性を活かしたキャリアを今後も歩みたいという希望がありました。

しかし、まだ安全配慮（残業禁止、出張禁止など）をする必要があるため、現在は全力で仕事に臨めないことは辛いですが、健康回復に努めることを第一にすることも話し合いました。今後の長期的キャリア計画などについては、健康を取り戻してからでも遅くはないことを伝え、改めて「また、キャリアカウンセリングを行いましょう」と伝えました。

Jさんは上司から「今は決して焦らず、健康回復に努めてください。健康を回復したら、まだまだこれからキャリアチャンスはたくさんありますよ」と言われたことも話してくれました。上司からのこうした言葉をIさんはどのように捉えているのか（認知）を尋ねると、「そうだといいけれど……」と、やや不安が入り混じった言い方で答えてくれました。カウンセラーとして「そうですね、上司の言葉を大切にしましょう」と共有しました。

【ステップ4と5】将来のキャリアを描く／キャリア形成の行動計画

●中長期的キャリア展望は、健康回復後

ステップ4とステップ5は、本来は今後の中長期的なキャリア展望を描くプロセスになりますが、メンタルから復職してすぐに将来のキャリアを描いてもらうことは、かえって焦りや不安を強化します。そのため、健康回復のあとに中長期的なキャリアについて取り組むこ

とにし、今回は将来よりも、現在の中途半端なモヤモヤした気持ちを受容し、それを共感しながら自由に話してもらいました。キャリアカウンセラーは、Ｊさんの現在のありのままの気持ちの理解に徹することにしました。

4■キャリアカウンセリング時の要点

●回復の状態の見極めと今後の見立て

メンタル不調による休職、復職の事例はどこの組織にもありますが、この事例が示すように、キャリアとメンタルは相関関係があります。メンタル不調による休職によって大切なキャリアが中断されたために、今後のキャリア形成に不安を抱く人が多くいます。

そのため休職中の様子のフォロー、リワーク（リハビリ）による復職準備性（復職してもよい状態に回復しているかの程度）が整っているか、復職後の職場での適応状態、リハビリ出勤時の回復状態などを、キャリアの視点からも同時にフォローし、きめ細かく観察しサポートすることが必要になります。

キャリア支援には相談者の回復の状態を見極めることと、今後の見立てが非常に大切になります。薄皮をはがすように、相談者の心身の回復状態に合わせた慎重な対応を心がける必要があります。一歩一歩ゆっくりと進めることです。相談者の焦る気持ちにもとづく行動は、むしろストップをかける役割のほうが大切な場合もあります。

復職後は半年ほどの時間をゆっくりかけながら再適応を図りますが、その間には定期的に面談をするとよいでしょう。また、必要に応じて健康相談室との情報交換、効果的連携をとることも大切です。

メンタルヘルス不調者との面談に慣れていないキャリアカウンセラーも多く、「回復状態の見極めと今後の見立て」をどのように進めていけばよいかについて悩みます。その場合、半構造化面接の考え方を利用し、質問項目をシートにして整理しておくことも1つのやり方です。

5■キャリア支援者・人事担当者に必要な視点

●復職後は産業医と連携しながら進める

メンタル不調者の復職に関して職場では、特に慎重に対応することが肝心です。そのため、復職者の上司は産業医と連携を効果的にとり、復職者の職場での様子に注意を払いながら観察し、声をかけてコミュニケーションをとることが必要です。

最も職場で身近な上司が、よく理解してくれることが心理的安全性につながります。復職者を迎える現場の上司向けに、対応の要点を整理したガイドラインがあるといいでしょう。

仕事に役立つ基礎知識③　半構造化面接手法を活用する

メンタル不調から復職した相談者には次のように質問するよう心がけます。

①現在の身体の調子や気分・睡眠の状態はどうですか。
②久しぶりに職場に戻りお気持ちとしてはいかがですか。
③復職するにあたり仕事のことで具体的に不安なことや心配なことはありますか。
④休職中に改めて思ったことや考えたこと、気づいたことはどのようなことですか。
⑤休職してむしろ良かったこと、休職したことで助かったことは何かありますか。
⑥復職時に上司や職場、会社にお願いしたいこと、配慮してほしいことはありますか。
⑦今後は特にどのようなことに注意して働いていきますか。
⑧今後再休職しないように気をつけるのは、どのようなことですか。
⑨今後どのような働き方をして、どうありたいですか、何をしたいですか。
⑩今回の休職した経験を今後の働き方や人生にどのように活かしたいですか。

こうした質問は、キャリアカウンセラーの情報収集になりますが、同時に相談者は質問されることにより自らを内省し、自分を見直すことにつながります。

ケース 11
「発達障害のある部下にどう接したらいいですか」と相談されたら？

相談者 Kさん

43歳、男性、建設会社の課長（設計部門勤務）、部下14人、家族：妻、子ども

1 ■キャリア相談への経緯

●他の社員と異なる行動特徴の部下育成・指導がわからず悩む

Kさんは、建設会社の本社の設計部門に現在課長として勤務しており、部下が14人います。入社2年目の男性社員（Zさん26歳、大学院修士課程修了・理系の技術専門職）の指導について上司として、いろいろ悩んで相談に来ました。

課長として当部門に昨年4月に異動してきて、Zさんとは現在1年半ほど一緒に仕事をしていますが、上司としてどのように指導・育成したらいいのか、大変困惑しています。

Zさんは、どこか他の社員とは異なる行動特徴があり、育成・指導するうえで、日々当惑しています。知的には高いと思われるものの、考えられないような基本的なミスやうっかりミスが発生、大切なやるべきことや締め切りを忘れる、複数の業務の優先順位がつけられず、同時並行してマルチタスクができないなどの問題がおきています。

2■キャリア相談の内容と訴え

●ＯＪＴ担当者から「何度注意しても改善されない」と言われる

Zさんは、有名国立大学の大学院建築学研究科（修士課程）の出身です。設計部門に配属となり、まだ入社2年目に入ったばかりなので、先輩が行う大規模な建物の設計の下請け的な基盤作業を担当してもらっています。本来は優秀なはずですが、最近不思議なことに、考えられないような不注意な単純ミスをよくするようになりました。また3～4個の業務処理を同時並行で遂行するような場合にも、Zさんは自分の興味関心のある業務だけを優先させます。そのうえ仕事のやり方に大変こだわりがあり、自分の興味関心がない業務は重要であっても期限が過ぎても処理せずにそのまま放置しているようなことが発生しました。

また、整理整頓ができず机の上はゴチャゴチャで、書類や私物が山積みになり、机から崩れ落ちそうになるくらい雑然とした中で仕事をしています。口頭で業務の指示・命令を一度にいくつかすると、なかなか頭に入らないのか、指示された業務に漏れが生じます。

こうした問題点をＯＪＴ担当の先輩が、Ｚさんに何度も注意を促してもなかなか改善されず、どうしたらよいかと悩んで上司に相談しました。こうした話を聞いて相当優秀な社員と捉えていたので、Ｋさんは頭の中が整理しきれず、キャリア相談室を訪れたのでした。

3■キャリアカウンセリングによる支援と展開

【ステップ1】「現状の把握」と「相談者の理解」

●部下の問題行動を、１つひとつ具体的に明らかにする

まず、この部下の業務遂行における問題点を細かく一つひとつの事例を現場の具体的場面、状況に沿って説明してもらいました。実際に職場で何が起きており、ＯＪＴ担当の先輩が指導者として何に困っており、どのような点で業務に影響や支障が起きているのか、また、Ｚさんは他の一般社員とは、どのような異なる特性や個性を有しているのかについて詳しく聴取しました。

さらに、上司としてどのような問題が業務上に生じ困惑しているのか、他の社員や他部署にもどのような影響が生じているのかなどを順に整理しました。そして、その社員の職場で

の行動特性や課題を明らかにしました。

【ステップ２】資源と強みの理解

●問題点だけでなく、優れた点も洗い出す

Zさんに関する数々の問題点だけではなく、優れている部分、できている点や得意なことなども引き出し聴取しました。しかし、問題点を整理すると次のようになりました。

①不注意なミスがたびたび起きる。
②同時並行に業務（マルチタスク）を遂行することは苦手である。
③興味関心の偏りやこだわりがあり、自分のやり方を優先させるため判断に課題がある。
④整理整頓が苦手である。
⑤指示命令を口頭で受け取ると、理解が不十分になって、抜け漏れがある。
⑥協調性がなくマイペースである。

こうした課題が実際にあります。しかし、数々の問題はあるものの、同時に良い点、優れた点も明確にされました。

①発想や提案してくるアイディアが斬新で、インスピレーションに個性がある。
②強いこだわりがある分、アウトプットに独自の個性や創造的な部分が表現され、質的に優れている。

こうした個性はマイナス点ではなく、この部下の強みであることがわかりました。

【ステップ3】今後のキャリアを考える

●優れた個性・能力を引き出す

このようなケースは、部下の行動特性から「発達障害（ADHD）」の可能性が考えられます（第4章参照）。具体的に詳しく整理した行動特性上の課題や問題点があることがわかりました。一方で他の一般の人とは異なる独自の個性もあります。この個性は、むしろ優れており、すばらしい発想や能力を考えると、部下のマイナス面の問題点を正しく理解（了解）したうえで、現場でいかにマイナス点を補い（工夫し）、反対に、優れた個性や能力を潰さず発揮できるような業務を考え担当してもらうか、ここが大切なポイントになります。

上司（人事）が本人とじっくり話し合い、特に苦手で困難でむずかしいことは何か。何が得意で、どのような業務を通して独自の個性や能力を活かして働きたいと思っているのかについて、見極めることが大切です。こうした人材を活かせる部署はどこで、活かせる具体的な業務とは何かを明確化し、今後のキャリアを一緒に考えていきます。

【ステップ4】 将来のキャリアを描く／課題を明確化する

●二次障害の発症を防ぐことも重要

独自の特性や個性を備えた「発達障害」（周辺領域のグレイゾーンの人も含む）の社員が、最近はどこの組織でも見受けられます。本人も社会に出て初めて壁にぶつかり悩む（本人も自分自身が発達障害であることを認識していない）例も多くあります。

発達障害の社員が入社し（配属になり）、指導を担当する先輩や上司がその行動に対し、理解ができず「この人はどうしたんだろう、なぜだろう」と疑問を感じたとしても、「発達障害」に関する専門知識に欠けるために、当人への理解に苦しみ、イライラから感情的になり厳しい注意や叱責を繰り返す（「何でこんなこともできないんだ！」「何でこんなことすらわからないんだ！」など）ことが多くみられます。

その結果、「発達障害」から二次障害を発症し「抑うつ状態」となり、休職に至る事例もあるので注意が必要です。この事例のように「発達障害」の社員が職場でうまくいかない場合の共通点は周囲の人の「発達障害」特性の理解不足から、「苦手なこと、できないこと」

を担当させられていることです。双方にとってこのままでは何もよいことがないので、正しい理解に基づいた配置、業務分担が欠かせません。

【ステップ5】具体的な行動計画

●上司の接し方・指示の仕方を決める

上司は発達障害の人の特性や行動特徴などについて、基本的知識を持つことがまず何よりも大切です。ミスが多いことや平行してマルチタスクができないことなどを厳しく注意しても関係性を悪化させるだけで、本質的な改善にはほとんどつながりません。むしろ課題の部分を本人の個性や独自の特性と捉え、反対に得意なところや強みが少しでも活かせる業務や役割を見極めて、任せることが必要です。そして努力して業務を遂行している場合には、ポジティブなフィードバックを送り、得意なことや興味・関心を持ち、できることを伸ばす支援を行うことが大切です。

4■キャリアカウンセリング時の要点

●「発達障害」に関する、正しい知識と理解、適正な対応が必要

「発達障害」はその障害の種類により、症状もいろいろと異なります。子どものときから障

害が発見され、家庭や学校（サポート教育支援施設）において適切な対応や肯定的支援（治療も含む）を継続的に受け成長してきたケースと、本人も何か他者と異なる自分自身を感じながらも、正しい理解がなされず、誤解され、環境にうまく適応できずに絶えずマイナスの評価を受けているケースがあります。その結果、自己効力感が低い状態が多く存在しています。

しかし、知的レベルも高く、学力も平均以上の「発達障害」の人たちは「少し変わっている人」「個性的な人」と受け取られて成長し、学校を卒業してから社会に参画してきます。そこで初めて、職場や社会環境にうまく適応できずに大きな壁にぶつかり、本人も周囲もストレスと問題を抱えます。このため「発達障害」に関する正しい知識と理解を持ち、適正な対応が求められます。

5■キャリア支援者・人事担当者に必要な視点

●発達障害を理解し、医師などと連携し、強みを活かした育成を図る

発達障害の人は、グレイゾーン（その周辺の人）を含め、企業において増加傾向にあります。まず、発達障害とは何か、どのような特徴があり問題は何か、業務に支障をきたすような場合、どのようなことが職場において想定されるのか、知識として持つ必要があります。

そして、どのように発達障害の人に対処したらいいのか、基本的な知識を共有し、対処で

きないような場合には医師、心理士などの専門家と効果的な連携をとりながら、適切に対応し強みを活かした育成を行うことが大切です。

第3章

「キャリアカウンセリング」の効果的な進め方

相談相手をサポートする「キャリア理論」「カウセリング理論」

第2章では企業内での代表的なキャリア相談の事例を示しましたが、「キャリア相談室」には、このように社員から多種多様な相談が寄せられます。キャリアカウンセラーには、相談者からのあらゆる悩みや迷いに対して、フレキシブルに応じる「質の高いスキル」と「知識」が求められます。

相談内容については、似たようなものも多くあります。しかし、決してそれらを一括《ひとくく》りにせず、すべてを独自のものと位置づけ、相談者と真摯に向き合うことがキャリアカウンセラーには欠かせません。たとえベテランであっても、毎回、新たな姿勢で相談者の悩みに向き合うことが基本条件となります。では、なぜ、キャリアカウンセラーには、相手の訴えや内容に合わせて、受け止める柔軟さがあり、効果的に相談相手のサポートができるのでしょうか。

それは「キャリア理論」「カウンセリング理論」の考え方の基本を学び、身につけ応用しているからです。キャリアの概念は、心理学、教育学、社会学、経営学、医学、法律学、行動科学などの発達を通して生み出されており、幅広い知見に基づいてそれぞれの理論がつくられています。

そこで、第3章では、皆さんがキャリア相談を受けるときに、押さえておきたい基本的な考え方を踏まえたうえで、キャリア相談の具体的な進め方も説明します。

まずは、相談者の「心理的安全性」を担保したうえで、キャリアカウンセリング時の心がまえから説明していくことにしましょう。

1 キャリアカウンセリングの基本的アプローチを知る

❖心理的安全性を大切にし、「話の3要素」から聴く

(1) 心理的安全性を担保する

初めてキャリアカウンセラーと面談するとき相談者は、「自分のことをわかってもらえるだろうか」「うまく状況を伝えることができるのか」など、不安な気持ちでいっぱいです。自らのキャリアに関する問題やプライベートなことまで踏み込んだ本音を話すことになるためです。

話を聴く立場として何よりも大切なのは、相談に来た相手の「安心感・安全感」(心理的安全性)を担保することでしょう。心理的安全性とは「相手を信頼して心を開き、ありのま

まを話せる安心感」のことです。

「この人になら何でも自分のことを正直に話せそうだ」と、最初に印象づけられるかどうかで、相談者との間の信頼関係、話の深まり方、キャリア支援の展開は大きく異なってきます。

では、どのような態度でキャリアカウンセラーは相談者に接すればいいのでしょうか。

話を聴く冒頭に「ここでの話は外部には漏れませんので、安心して何でもお話しください」と笑顔を保ちながら、少し低めの声で、落ちついた態度や姿勢で迎え入れるようにします。

こうして守秘義務があることを明確にします。

「相談内容が人事に漏れたらどうしよう」「現場の上司に伝わってしまうのではないか」という疑心から解放し、相談者に無用な不安を抱かせない配慮になります。

(2) 話の「3要素」から整理をする

私たちは、普段は無意識に家族や周りの人たちとさまざまなコミュニケーションをとっていますが、話は「3つの要素」から成り立っています。

①事実・出来事
②気持ち・感情

③欲求・希望

です。つまり、

①何があったのか、何が起きているのか。
②そのときの気持ちや感情はどうか。
③これからどうしたいのか、どうありたいのか、何をしたいのか。

が話の中には組み込まれているのです。キャリアカウンセラーは、これらの要素を頭の中で組み立てながら話に傾聴し、目の前の相手がいったい何に悩み、なぜ、前に進めずにいるのかを整理します。こうしてまず相談内容を正しく理解することが大切です。このときの心がまえとして最も大切なことは、最初から問題解決をしようと急がないことです。

「なおそうとするな、わかろうとせよ（問題解決を先にしようとするよりも、何よりもまず相手を正しく理解しよう）」

という言葉があります。自分の経験や価値観などをいったん脇へ置き（第6章『コップの理論』を参照）、相談者の話に耳を真摯に傾けます。「相談者理解」を第一にしながら相手を正しく知ろうとする姿勢で臨むことが大切です。

❖気持ちを大切にし、相談者に寄り添う

(1)「捉え方」は感情を規定する

では、話の3要素のうち、②「気持ち・感情」を理解するにはどうすればいいのでしょうか。その事実・出来事を相談者がどのように「捉え、考え、意味づけている」のか、すなわち「認知」を理解することは欠かせません。何をどのように捉えているかという「認知」は、感情・気分に大きく影響を与えます。また、相談者が話す「事実や出来事」に対する相談者の「捉え方」はカウンセラーの捉え方とは必ずしも同じではありません。経験・性格・価値観などは、人それぞれ異なりますので、ここは特に注意が必要です。

たとえば、「管理職に昇格しました」と相談者が話すのを聴いて、経験が浅いキャリアカウンセラーは「それはおめでとう」「良かったですね」とすぐに反応しがちです。カウンセラーの潜在意識に「昇格はおめでたいことだ」という先入観（価値観）が存在しているからなのでしょう。

ですから、こうしたケースでは、「相談者がその事実・出来事をどう意味づけているか」を優先させます。具体的には、「管理職に昇格されていかがですか」と質問をし、相談者の考えていることを確認します。すると「実は……、そのことで悩んでいて相談に来ました」と、昇格をむしろ否定的に捉え・悩んでいる返事が戻ってくるケースもあります。

最近は管理職を希望しない若い人たち、仕事だけでなくワークライフ・バランス（仕事と生活の調和）を優先したい人たちが増えています。誰もが管理職になることをポジティブには捉えていないこともあることを前提に対話することです。

カウンセラーの価値観で判断してしまうことで、「このカウンセラーは私の気持ちを聴かずにどうするのかを決めつける人のようだ」と思われてしまうリスクもあります。これではカウンセリングの冒頭から行き違いが生じてしまい、相談者が口を閉ざすきっかけになりかねません。何よりも相談者の捉え方や感情に、十分に配慮して対応することが必要です。

(2) 気持ちや感情に寄り添う

企業内のキャリアカウンセラーが陥りやすいのが、「事実の確認」「出来事の整理」にばかり焦点を当ててしまうことでしょう。「出来事・事柄」ばかりを聴き、相談者の「気持ち・感情」に寄り添い「共感する」ことが疎《おろそ》かになる傾向があります。

理由として考えられるのが、目的があって行われる会議・ミーティングなどのビジネス場面では、短時間で端的な次のアクションを決めることが優先されます。そのため結論や要点から話し、その理由を述べるなど論理的な話し方がいいとされる傾向があるからでしょう。繰り返しになりますが、悩んでいる人は、何よりも自分の「気持ちをわかってほしい」を求めています。この点では特に留意して話を傾聴することが大切であり、まるで「取り調べ」のように事実確認ばかりを行い、一方的に「質問攻め」にしないように注意が必要です。相談者の気持ちに共感しながら、「それは大変でしたね」などと、共感的な応答をすることを忘れないようにしましょう。

(3) 希望や欲求を大切にする

3つ目として大切なのが、「欲求・希望」を聴き出すことです。いろいろな経緯や事情があって、うまくいかない状況に置かれていたとしても、何よりも「希望や欲求」について話してもらいます。キャリアカウンセリングでは、相手を正しく理解したうえで、今後のキャリアの方向性を一緒に考えていきます。そのために「準備できることは何ですか」「やるべきことは何でしょうか」と相談者に質問を投げかけながら状況を整理し、自身が発する「心の声」に気づいてもらうことを大切にします。

つまり、現在抱える悩みを単に傾聴することに終始するだけではなく、「今後どうありたいのか、何をしたいのか」に関して、中長期的視点からも一緒に考えることが支援となります。「ありたい自分、なりたい自分」「やりたいこと」に向けてやるべき課題を整理することが大切です。

✣ Can – Will – Mustを整理する

Can – Will – Mustについて考えてみましょう。

(1) Canから先に整理する

話の3要素を整理する過程では、相談者の「資源・リソース」(Can)を引き出し整理します。これまでの経験からどのような知識・スキルを習得し身につけてきたのか。その人が有する「強み、売り、得意なこと、専門性」などを引き出して整理します。相談者によっては、「私は特にこれと言った強みなどない」と言いますが、本人が気づいていないこともあります。どんな小さなことでも「少しでもできること、得意なこと」を意識的に引き出し、相談者を「承認し、褒める」ことが大切です。「あなたには必ず資源・リソースがあるはずです」と相談者に問いかけながら、ポジティブな要素を引き出します。そのため、いろいろな方向から質問を投げかけるようにします。たとえば、これまでの具体的業務から得られたスキル、知識、経験、人脈などです。

こうして相談者から出てきたこれまで「努力してきたこと」「頑張ったこと」などを丁寧に整理しながら「リソースの点検」を行います。特に、ポジティブな話題やテーマを取り上げて承認し、褒めながら話を進めていくと、相談者は次第に心を開いて話してくれるようになり、その後の相互のやりとりや話の展開もスムーズになります。

ひと通り話した様子が見受けられたら、「他にもどうですか、どんな小さなことでもいいですよ」と、「Can」の幅をさらに広げていきます。今後のキャリアに活かしたいもの（活かせるもの）、今後さらに磨き・育てて自分の「強み」にしたいものなどがあれば、「資源・リソース」として位置づけ、それも一緒に整理します。

相談者は、先に「Can」をまず整理することを通して、自身には肯定できる側面があることを理解します。それによって自信を持ち、前向きにキャリアを歩もうとする意識が醸成されていきます。

カウンセリングの現場では、相談者が悩みや不安を訴えることが主なので、どうしても話の内容がネガティブで暗くなりがちになります。しかし、ネガティブな話の中にも相談者の「良いところ、努力して頑張っているところ」が表れることがあります。同時に、ポジティブな部分を決して見逃さず、引き出し、部分的であっても肯定的な「光る話の部分」（ブライト・スポット）を話してもらいましょう。相談者を褒め、認め、承認することは大切であり、カウンセラーが忘れてはならないポイントです。

⑵ Will を整理する

「これからどうありたいのか、どうなりたいのか、何をしたいのか」（Will）を整理します。すでに⑴で有する資源を整理したので、これらの資源・リソースを少しでも活かし、将来（3年、5年後）の「ありたい姿、なりたい姿」「やりたいこと」を考えていきます。それがたとえ「仮の目標」であってもかまいません。

現時点では「仮の目標」であったとしても、方向性を示す「目標がある」ことと「目標がない」ことの間には、キャリアを考えていくうえで、大きな違いがあります。こうして心の中を「言語化し、見える化」します。

心の中は自身でも見えていないものです。カウンセラーは相談者に「将来への希望・想い」を語ることを促します。話す過程で「将来、ありたいと願っている自分」に気づいてもらうことにもなり、自己理解を促し、キャリアの方向性を明確にする支援にもつながります。

カウンセラーに伝えようと言葉にして表現することにより、自分が次第に見えてきて、気づきが起きます。普段から「Will」について明確化している人は、必ずしも多くありません。昼間は目の前の仕事に忙しく、キャリアについてゆっくりと考えるチャンスがないのが実態でしょう。

しかし、キャリア目標がとりあえずであってもできると、折あるごとに意識するようになります。こうして「キャリア意識」が強化され、少しずつ日常行動に変化が生じます。たとえば、「将来、海外で働きたい」というキャリア目標が明確になれば、今から語学力を磨き向上させ、少しでも準備をしておこうという具体的な「行動変容」に結びつくようになるのです。

⑶ Mustを整理する

「Will」で今後「どうありたいのか、何をしたいのか」を考えることで、たとえそれが仮であったとしても、目標が明確にされることにより「やるべきこと」(Must)が見えてきます。キャリアカウンセラーは、相談者の将来のキャリアに備え「今から具体的にやるべきこと、準備することは何か」を整理する支援をします。また、同時に現在における役割・責任を明確化してやるべきことを明確化することが大切です。

今後いつか偶然にも遭遇するかもしれないキャリア・チャンスをつかめるか否かは、こうした「日ごろからの準備」にかかっています。言い換えれば、「キャリア・チャンスは、準備のある人のところにやって来る」からです。目標設定は、

①長期目標から逆算する。中期目標から短期目標へ、未来から現在へと降ろして考える方法。

②目の前の短期目標から1つひとつ組み立て、積み上げていく方法。

があります。キャリア目標の設定は相談者の「Can」「Will」の内容やレベルに合わせて統合的に考えるといいでしょう。まだ「長期目標」は明確にはなっていない場合は、身近な「短期目標」（1年後にどうありたいのか）から書き出し、少しずつできることや取り組みやすいことからスタートすることが大切です。

また、先を見ることばかりではなく、現在の足元の「職務、役割・責任・期待されていること」を確実に果たすことが大切です。そのためには「弱み」の改善に挑戦し、少しずつ「小さな成功体験」を確実に積み重ねていきます。「自己効力感（やればできる）」を実際に体得しながら自信をつけ、挑戦意欲をそこから育てることです。キャリアカウンセラーは、小さな成功体験から相談者の自己効力感を育てることを意識しておくことが必要です。

こうして相談者が「Must」を実際に「行動に移す」こと（アクション・プランの実行）により、それがさらに「Can」に上乗せされて、着実にできること、強みが増えていきます。その結果、リソースである資源が充実し、キャリア形成に活用できる「売り・強み」が強化され、深化する一連の流れができてきます。

「Can-Will-Must」を円環的に循環（人間関係や社会の出来事は、システムとして巡って関連・影響し合っているという考え方）させ、回しながらキャリアは次第に開発され形成されていくと考えられます。すなわち、キャリア形成はただ「考えているだけ、計画するだけ」ではなく積極的に「行動し、その都度見直し柔軟に修正していけばいい」と考えることが何よりも大事です。

2 キャリアの転機期でのアプローチと意思決定の支援

キャリア相談の中で特に大切な支援は、キャリアの転機（トランジション）における支援でしょう。トランジションとは、1970年頃から使われはじめた概念で「転機」「転換」「転換点」「移行」「変化」「節目」などを意味します。人生において状況や役割が変化していくことです。

相談者はキャリアの転機に遭遇すると判断や意思決定に迷い・葛藤し、悩むことが増えてくることが一般的です。この「転機におけるキャリア支援」は、今後の相談者のキャリア形成に大きな影響を与え、人生までも左右するような、責任が重い大切な支援です。キャリアカウンセラーとしての実力が試されるときであると捉えても過言ではありません。

キャリアの転機の相談には、次のようなテーマがあります。

・会社を辞めて転職するか、職務（上司）が合わないので異動の希望を出すか。
・社内公募に応募するか。
・管理職に昇格したがマネジメントをどうしたらいいか。
・海外転勤の内示を受けるかどうか。
・育休から復職するが、今後両立をどうするか。
・役職定年を迎え、モチベーションをどう維持するか。
・定年で辞めるか、雇用延長をするか。

・メンタル不調で休職し、復職するがどうしたらいいか。

このように多様な転機に関する相談がありますが、こうした転機は自分に向き合うきっかけになるものの、経験したことがないことばかりであり、不安になるものです。気持ちの整理がつかず、相談に来る人も多くなります。カウンセラーは質の高い「転機の支援」を行えるかどうかが問われます。質が高い支援とは、選択肢の幅を拡げ、選択肢を中長期的な視点から俯瞰して捉え納得して選択できるような支援を行うことです。

❖逃避型の転機と足元の問題解決支援

キャリアカウンセリングにおいて、「会社を辞めるかどうか、異動をするかどうか」という転機の相談には、特に慎重を要します。初心者のカウンセラーは最初に「辞めて（異動して）何をしたいんですか」と、もっぱら今後のことに焦点を当てて質問する傾向があります。しかし、何よりも大切なのはまず、「足元に抱える問題」、すなわち「どうして辞めたい（異動したい）と考えているのか」を先に整理することです。特に「逃避型」、すなわち現在抱えている問題から逃げたい（例：営業の数字がイヤだから逃げたい、合わない上司から逃げたい）ために転職や異動を希望するような「逃避型」のケースです。

逃避することで問題解決を求めるタイプの相談者は、異動したり、転職したとしても、また同様の問題に直面すると、問題を乗り越える努力がなかなかできません。再び逃避行動を繰り返す傾向があります。そのため、いつまでたっても抱えるストレスを適切に処理できず、乗り越えようとせず、逃避行動により解決しようとし、いつまでもストレス耐性が形成されないままになり、成長を図ることができません。

ここでの大切な支援は、相談者が抱える足元の問題は何か、現在直面している問題（ストレッサー）に対してどのように向き合い、どのように乗り越えることができるかです。むしろ「どうしたら転職（異動）など逃避行動をしなくてもすむのか」に焦点を当てて支援を行います。本人に考えてもらいながら、内省を促し、逃避せずに抱える問題解決を優先することが第一です。

足元の抱える問題解決ができれば、転職や異動をする必要がなくなる場合があります。こうした事例は、できたらその後の様子を継続的にフォローし、その都度、相談者が努力していることを「頑張っていますね」と承認し、励ますことが必要です。

❖意思決定の支援

意思決定の支援では、複数の選択肢があることが一般的です。たとえば、「A or B」、または「A or B or C」などのケースが考えられます。時には両立の「A&B」もあります。こうした意思決定の支援では視野狭窄《きょうさく》に陥らず、可能性のある選択肢の幅をなるべく広げ、いろいろな角度から検討することが大切です。相談者は選択肢の幅が狭く（限定）なっていることが多く、「これしかない」と決めつけていることが多くあります。「もう、会社を辞めるしかない」と、結論を極端に絞りすぎ、自らを追い込んでいるケースです。キャリアの可能性を自らの手で摘んでしまいかねません。意思決定の支援では、以下の9点に沿って整理していきます。

①何を決定する必要があるのか（何を決めなければならないのか）。
②いつまでに決定する必要があるのか。
③決定にあたり、どのような情報が必要か（必要な情報をさらに、どう収集するか）。
④タイミングとして今はベストか。
⑤他の選択肢はあるのか（選択肢を広げる）。
⑥現実のエビデンス（事実、証拠）を分析し、検討する。
⑦⑤の分析結果、代替の選択肢は他にあるのか。
⑧実際に選択した選択肢を可能な範囲で行動に移し、試してみる。

⑨選択肢を決定した場合、どのような影響が生じるのかを検討する。

意思決定の支援では、それぞれの選択肢の「プラス面、マイナス面」の両面からバランスよく検討することがポイントです。よくあるのが、希望する片方の選択肢にばかり焦点が当たりすぎることです。1つの選択肢ばかりを肯定的に捉え、それが正しいと証明できる偏った情報を無意識的に収集することによって、マイナス面を検討することが疎《おろそ》かになる傾向がよくあります。

まず、支援方法としては選択肢を別々に検討します。「仮に」Aを選択した場合、「仮に」Bを選択した場合、というようにそれぞれの選択肢を切り離して、プラス面・マイナス面について偏りなく、バランスよく客観的に分析し、検討します。ここで

・A――会社を辞めようか。
・B――辞めずに継続して働こうか。

AまたはBの2つの選択肢に迷う場合について考えてみましょう。Aの「仮に会社を辞めた場合」のプラス面・マイナス面、Bの「仮に会社を辞めずに継続した場合」のプラス面・

マイナス面の両面を検討します。また、現段階で相談者が選ぶおおよその割合（Aは○%、Bは○%）を尋ねておくことも有効です。

選択肢にはプラス面だけでなく、必ずマイナス面もあります。そのマイナス面とは何か、何らかの方法で補完することはできるか否か。補完できる場合は、どのようなやり方が考えられるかを検討していきます。こうして両面からバランスよく選択肢を俯瞰しながら検討することで、プラス面ばかりに偏向した選択を行うことなく、誤った選択を防ぐことができます。

大事なポイントは、両面から検討したうえで、再度、選択肢の割合（Aは○%、Bは○%）が変化したかどうかを尋ねてみるといいでしょう。

場合によっては、選択肢の割合が逆転し「会社を辞めようと考えていましたが、やはり会社に残って継続して働きます」と変化することもあります。その場合には、なぜ割合が変化したのか、その理由も整理して話してもらうことが、改めて相談者の気持ちの整理にもつながります。

キャリアの転機やキャリア・チェンジの支援では、キャリアカウンセラーに慎重な対応と判断が求められることがわかりましたか。キャリアカウンセリングでは、

・4つのS（第4章の4S点検を参照）を点検すること。
・逃避型の場合には、足元の点検や問題決支援を先に行うこと。
・中間点の「ニュートラル・マネジメント」（第4章の転機を参照）の重要性に気づくこと。
・選択肢は両面からのバランスのとれた分析を行い、意思決定を行うこと。

こうしたことを念頭に置き、カウンセラーは支援を行うことが大切です。

3 勝手な思い込み、認知の偏りがあるときのアプローチ法

相談者の中には「捉え方や考え方」（認知）に偏向がある、すなわち事実に対する認知に「偏りや思い込みがある」ために悩み、落ち込み、相談に至る事例が多くあります。たとえば「自分は係長どまりでもう昇格できないだろう」「上司は自分を評価してくれていないようだ」「ミスする自分を仕事ができないと、先輩は思っているにちがいない」「メンタルで休職したため、

大切な仕事はもう任せてもらえないだろう」「時短勤務の女性は、本気で活用してくれない」などです。

自分を過小評価したり、自分の将来をネガティブに思い込んでいるような偏向した勝手な根拠のない「捉え方や考え方」をしているために、悩み・落ち込み・不安になり相談に来るケースがたくさんあります。

ネガティブな心理状態、すなわち悩み・不安・葛藤などは、本人自身があえて「悩むような捉え方や考え方を選択している」と考えられます。他の捉え方や考え方もできるのに、あえて悩み、落ち込むような「捉え方」を選択し、自分で悩みを生み出しているのです。

では、こうした相談者には、どのように対応したらいいでしょうか。自身の認知の偏向が、悩み・落ち込み・苦しみを生み出しているので、その「認知を変える」支援を行います。

しかし、そう簡単なことではありません。相談者の偏向が強いとき、長期にわたりずっと抱え悩んできたことが心の中に蓄積されている場合です。しかも、過去に経験した「事実・出来事」を変えることはできません。

とはいえ、少しずつその捉え方を変えることは可能です。では、どうしたら偏った捉え方・考え方を変えることができるでしょうか。以下に例示しながら具体的な説明をしていくことにしましょう。

事例1 「上司は自分のことを認めていない」と、思い込んでいた

アプローチ法

捉え方や考え方は、「本当に事実なのか、確実な証拠・事実はあるのか」などについて確認していきます。確たる証拠が特にないのであれば、それは勝手な相談者の思い込みにすぎないことに気づいてもらうようにします。

そのためには、どんなに小さなことであってもいいので、反対のエビデンス（証拠）「上司は自分のことを認めている」ことを探していきましょう。

たとえば、具体的に職場で上司と話をしたときや交流したときのやりとりの様子や場の雰囲気など、どんな些細なことでもいいので、どんなことがあったのかについて、丁寧に聞き出します。

変化

先日、私が一生懸命頑張っていた、思いがけず上司が声をかけ「励まして」くれました。自分が勝手に上司をネガティブに思い込んでいたことがわかりました。

事例2　「もう昇格はできないだろう」と、思い込んでいた

アプローチ法

「別の捉え方や考え方は、できないだろうか」と、柔軟性を持って考えてみることを提案してみましょう。たとえば、「他の人には遅れるけど、諦めずに最後まで頑張ってギリギリに昇格した人が社内にいませんか」のように視点が広げる問いかけをしてみます。同時に、「昇格できなくてもイキイキと働き、自分の役割・責任をきちんと果たしている人はいませんか」なども一緒に考えてみるのもいいでしょう。

変化

「諦めずに本気で努力すれば、チャンスはあるかもしれない」「やることはまだあるはずだ」「決めつけずに頑張ってみよう」と捉え方を変えることで、気持ちが前向きにすることができました。

事例3　「時短勤務の人は決して評価してもらえない」と、思い込んでいた

アプローチ法

具体的な行動を積極的に自ら行い、確認することにより思い込みを是正するように促します。たとえば、もっと上司へ自分から積極的に話しかけ、具体的に自分の希望やニーズを率直に伝えてみることもいいでしょう。まずは、やってみないとわからないためです。

変化

自分から上司に声をかけ、「実は、新しい仕事に挑戦してみたいと思っています」と話をしたら、「時短勤務だけど、集中していつもよくやってくれているね。可能なら新しいプロジェクトに入り、メンバーにならないか」と想定外のことを言われました。自身が勝手に「評価してもらえない」と、思い込んでいたことに気づけました。

事例4　自分の悩みを他の人に置き換えてみる

アプローチ法

「もし、あなたの友人が今のあなたと同じ悩みを抱えて悩み、相談してきたとしましょう。

あなたはその友人にどのようなアドバイスをしますか」。おそらく「そんな些細なことは、あまり気にしなくてもいいんじゃない」と友人に伝えるでしょう。このように自分の立ち位置（悩んでいる自分）からいったん離れ、「他人の悩みに置き換えて考えてみる」と、客観的な視点で適切なアドバイスを思いつきます。そこから自分が抱える悩みの原因(捉え方の偏り)が明らかになり、悩みから解放されることになります。

変化

自分から離れ、距離を持って客観的に自分を眺めてみることにより、立ち位置が変わります。メタ認知（一段上から俯瞰する）を得ることができ、小さなことにこだわり悩んでいる自分の姿を客観的に見ることができ、考え方や捉え方がいかに歪んでいたかに気づきます。友人として的確な助言が「自分にもできる」ようになるわけです。

事例5　損得計算法

アプローチ法

「自分はダメだ、他の人と比べると自分は劣っている」と訴える相談者に対し、「そのように自分を捉えることはどのような得（得ること・プラス面）がありますか」「そのようにいつも考えることにより、損していること（マイナス面）はありませんか」と両面から具体的に考えることが「損得計算法」です。両面から冷静に分析して考えることにより、マイナス面がいかに多いか、そう考えることに何もいいことはないことに気づいてもらうことができます。とても効果的な方法です。

変化

人はものごとを損得に置き換えて考えると、いつまでもこだわり考え続けることに何の意味もなく、むしろそのためにいかに損をしているか（前に進めないこと）に気づきます。こだわりからすっきり卒業し、別の行動をとるような変化が起きます。「もう、そう考えることで損することはやめよう」と、「いつまでもこだわる自分」と決別できるようになります。

このようなアプローチ法を「認知行動療法」と言います。カウンセリング場面においてだけではなく紹介したように、「そのような考え方が再び浮かんだら」自分の捉え方を書き換える習慣づけをすることを指導します。たとえその内容がキャリアカウンセラーから離れても、相談者自身が自律的に日常場面でも捉え方を変容することができるようになるように支援します。

また、捉え方（認知）は、行動することで変えることができます。これまで「苦手なタイプ」と位置づけ、コミュニケーションを避けていた相手とも試しにいろいろ話してみることで、相手のイメージが変化します。自分が苦手な相手だと勝手に思い込んでいたことに気づくことがあります。実際に行動することを通して、認知に変化を起こすことが可能です。

4 スケーリング・クエッションを用いたアプローチ法

スケーリング・クエッション（scaling question）を用いたアプローチ法は、相談者の状態を実際に具体的な数字で把握したいときなどに役立ちます。

この技法は、「問題の原因」にばかり焦点を当てないのが特徴です。むしろ抱える問題が解決した状態（解決像）「どうなりたいのか」を主に考えます。相談者が抱える問題や原因ばかりに話をしぼるのではありません。「どのような状態になりたいのか。何を望んでいるのか」について将来を見据え、「そのためには何をしたらいいか、今すぐにでもできることは何か」を具体的に考える方法です。

大きな目標ではなく、小さな目標設定をすることを大切にするのは、相談者が「小さな成功体験」を積み重ねながら自己効力感を育てることにより、相談者を動機づけていくためです。その内容は決して抽象的行動ではなく、行動に結びつく具体的なものにします。

そのため相談者が「やればできるだろう」という予測可能な行動を目標にすることが大切でしょう。たとえば、

「あなたがそうありたいのであれば、明日からまず何をしてみましょうか」と行動を考えてもらいます。今後の方向性、ゴール（解決像、解決した状態、未来の望む自分の姿）に焦点を当て、相談者にこれからの未来像（解決した状態）を描いてもらうことが、問題解決に役立ちます。主に焦点を当てるのは、問題解決に向けての具体的な行動についてであり、その行動について話し合います。

そのためには相談者が持つリソース（資源）、強みや得意なことなどをできるだけ引き出し、それらを最大限に活用しながら行動するように働きかけます。このアプローチ法としては、話の中でネガティブな感情ばかりを拾わず（理解するだけにとどめ、ネガティブな感情を

敢えて繰り返しフィードバックしたり、強化をしない）、むしろ相談者に安心感や今後への希望を抱いてもらえるようにします。相談者の小さな変化から次第に大きな変化を起こすような支援（スモール・ステップ）を通して、「やればできる」という「自己効力感」を確実に育てていくように意識しましょう。

❖スケーリング・クエッションの進め方

スケーリング・クエッション（scaling question）は、尺度（スケール）を用いて現在の状態を数値で表し、状態を知ることからはじめます。尺度を用いることで、相談者の具体的な変化やその進み具合を知ることができます。行動変化のレベルや目標の達成度についても、尺度を用いて明らかにします。

0〜10の尺度を用いた質問は、次のように行います。

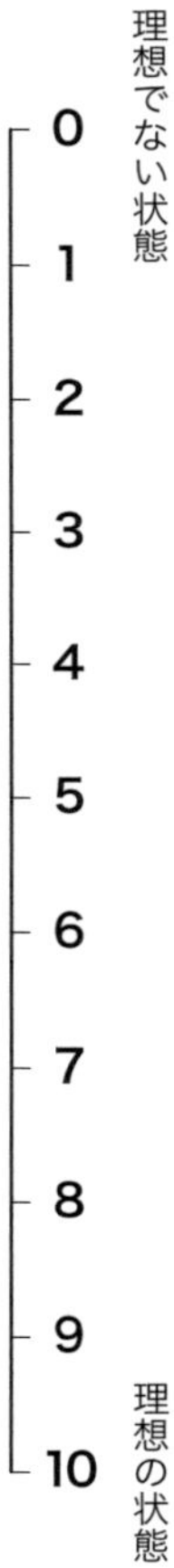

相談内容 **リーダーなのですが、リーダーシップがうまくとれず悩んでいます。**

「スケーリング・クエッション」を活用した対話例

聞き手「たとえば、10は一番よい理想のリーダーシップがとれている状態、0は一番そうではない状態とすると、あなたの現在の状態は0から10の間でいくつぐらいですか」

相談者「まあ、4くらいですかね」

聞き手「リーダーとして4とは、どのような状態でしょうか（具体的に0ではなく4できている状態とは？）

※自分のリーダーシップを4だと認識している状態を質問し引き出す

相談者「一応メンバーそれぞれの役割分担を行い、業務の割り振りを行うことはうまくできています」

聞き手「そうですか。現在は4ということですが、最終的には0から10の間でいくつくらいになれたらいいと思いますか」

※解決像を明確にする

相談者「8ですね」

聞き手「8とはリーダーとして、どのような状態になることですか」

相談者「目標や方向性を絶えず明確化し、メンバーの進捗状況を個々に絶えず把握し、全体を掌握し、個々の課題に応じて対応し、個別に助言したり、指導を行い、全体を強く牽引できるようなリーダーです」

聞き手「そうですか。お話ししていただいたような8の力を備えたリーダーになりたいんですね。では、現在の4の状態を8の状態にするためには、具体的にこれからやるべき自己啓発課題、具体的行動として何がありますか。整理してみてください」

相談者「そうですね……、全体を俯瞰する力、観察力、個別の指導力、全体を牽引する力です」

聞き手「では、8になるためにはこの4つの能力を開発することが必要と考えているんですね。複数の自己開発の課題を挙げてくださいましたが、優先順位づけをするといかがですか」

相談者「○○や△△を優先課題として、何よりもまず具体的にやらなければならないと思います」

聞き手「では、具体的行動として実行しやすいもので、先にやれるものから順番に並べ変えてくれますか」

相談者「はい、○△□の順番になると思います」

聞き手「では、それぞれをどのように実行するかについて、よく考えながらこのカードに個別に具体的な行動、やるべきことを書き出してみてください（書き上げたら、個別のカードを優先順位が高いものから順番に並べる）。現在4のレベルを8に上げるために、明日から1つひとつの課題を実行に移し、8を目指して少しずつ行動してみませんか。具体的な行動記録を自分で記録してください」

このスケーリング・クエッションは、正式なやり方ではスケールの尺度の1つひとつを順に上げていく方法が取られます（たとえば、4をまず5に上げてみましょう。4と5は何が違いますか。5とはどのような状態ですか。そのために何をしますか）。

しかし、スケール上で4を1つひとつ上げ、8までに持っていくまでには、カウンセリングが何回も必要になります。何回もカウンセリングを実施するような機会が、必ずしも持てないような場合には1回のカウンセリングで、4を8に上げる（その間のギャップを埋めるための自己啓発の課題、具体的な行動を複数あげます。

その中でやりやすいものから順番をつけ、優先順位を明確化します。順番に1つずつ行動に移しながら自ら行動記録を取り、セルフモニタリングを行う簡便法（ここに例示した方法）を用いるといいでしょう。

5 ジョブ・クラフティングを利用したアプローチ

実際のキャリア相談室では、「仕事にやりがいを見つけられない」といった相談もあります。「やりがいがない」状況をそのままにしておくと、さらに意欲・やる気を失い、離職に至る事例もあります。このような「やりがい」についての相談は、若年層だけに限らず、役職定年後や雇用延長後などのシニア層にもあてはまります。

こうした相談を持ちかけられたときにキャリアカウンセラーはどのように対応したらいいのでしょうか。幅広い対象に「やりがい」を生み出すキャリア支援の方法として、「ジョブ・クラフティング」を用いたアプローチ法が役に立つでしょう。

❖ジョブ・クラフティングとは何か

ジョブ・クラフティング（job crafting）とは、「働く人が仕事への取り組み方を変えたり、業務を見直し仕事への新たな意味づけを行い、仕事に関わる人間関係を積極的に自ら変えることにより、仕事や働き方を『やりがいのあるもの』へと工夫して変える取り組みや手法」

です。「仕事に独自のひと匙を加える」ことで仕事にやりがいを生み出します。ジョブ・クラフティングには、3つのアプローチ法があります。それぞれ見ていきましょう。

(1) 業務クラフティング

①仕事のやり方を見直し、工夫してみること。仕事のやり方には、別のもっと新しい効果的なやり方はないかを考え試すことを相談者に提案する。たとえば、段取りを変える。

②仕事をやりやすくするために新しい作業を加えたり、または反対に必要のないムダな作業を減らす提案をする。

③仕事の中身や作業手順を、より効率的でやりやすいものに変更する。

④管理職、リーダーであれば、仕事を部下やメンバーにもっと任せ、可能な範囲で権限を委譲する。

(2) 認知的クラフティング

①自分が担当している仕事を「つまらない仕事」「やらされている仕事」「意味のない仕事」と考えているのであれば、積極的にその考え方を変えたり、あるいは、別の新たな角度から捉え直す。「どんな仕事にも意味あり」でムダな仕事、意味のない仕事はないこ

とに気づいてもらう。
②仕事の「意味づけ」を変えることにより、担当業務は「やりがいのある仕事」だという見立て直しをする。
③自分が携わっている業務は、「全体のほんの一部分にすぎない」と考えるのではなく、仕事全体の大きな流れ・工程の中で、自分の業務を位置づけ大切な役割を果たしているという意識を持たせる。
④自分の担当する仕事の意味づけを変えることで、「最終的に組織にとって大切な仕事」「社会や他者に貢献している仕事である」と捉え直す。

⑶人間関係クラフティング

①積極的に自分から声をかけ、周囲の多様な人とコミュニケーションをとるようにする。
②仕事を通して関わる人を意識的に増やし、自分を多くの人に知ってもらうと同時に相手とコミュニケーションをとり、相手を知り理解する努力をする。
③一緒に働く人のために（部下、メンバー、社外の人も含め）、自分が何か役立てることはないか、少しでもサポートできることはないかを考え積極的に行動する。
④行動を通して次第に自分を頼りにしてくれ、認めてくれる人を増やす。そこから、「も

っと人の役に立ちたい、他の人をもっと喜ばせたい」という利他的なモチベーションを大切に育てる。

それでは、ジョブ・クラフティングを取り入れると、どのようなメリットがあるでしょうか。たとえば、次のようなことが考えられます。

①ワーク・エンゲージメントが向上し、やりがい、働きがいの向上が期待できる。
②仕事に対する興味や関心が向上する。
③自分の仕事に対するさまざまな工夫を通じて、能力をさらに伸ばすことにつながる。
④周囲に役立つ大切な仕事をしている価値ある存在であると認識できるようになり、自己肯定感が強化される。

このようにジョブ・クラフティングを取り入れることで、「組織の業績向上や従業員活性化」につながり、自分のキャリアを自律的に開発することにつながることが期待できます。

6 あらかじめ質問を準備しておく

面接にはいろいろな種類がありますが、その1つに「半構造化面接」があります。半構造化面接とは、ある程度、事前に定型質問を決めておき、面接の状況や話の内容や流れに応じて、柔軟に対応しながら進めるやり方です。他には、あらかじめ相談者に対する質問項目が事前に明確に定型化された「構造化面接」、自由に質問を投げかける「非構造化面接」があります。

「半構造化面接」を利用する場合には、

①構造化されている質問を機械的にたずねるのではなく、関係構築も大切にしながら行う。相手の反応を確かめながら傾聴し、共感、承認や褒めることも心がける。

②「早く次の事前に準備した質問をしなければ」と焦らず、相手の話をしっかりと傾聴し、大切なキーワードは伝え返しを簡潔に行いながら、次の質問に自然な流れで切り替える。

こうした点に注意します。「質問ばかりされている」「尋問されている」などの印象を相談者に与えないことが重要です。事前に準備した質問をすべて行わなければならないことはありませんが、特定の質問にばかり時間をかけて掘り下げるよりも、全体像を理解することに配慮することが求められます（その流れは第2章のケース2、ケース3、ケース10を参照）。現場では、上司と部下のキャリア面談（1 on 1）、人事による社員の定期面談、キャリア研修の後のフォロー面談、中途入社の社員に対する面談などにも利用が可能です。さらに、次のような観点から時系列で質問を投げかけて、過去―現在―未来へと展開しながら質問し、相手の全体像を理解します。キャリアの振り返りにも使うことが可能です。

❖キャリアを振り返るための活用法とは？

(1) これまで（過去）に関する質問

・どのような仕事や経験をしたか。
・仕事でのやりがい、達成感をどのように感じたのか。
・仕事で苦労したこと、辛かった経験は何か。
・一番自分が成長したと感じることは何か。
・仕事を通じて身につけたこと（スキル、知識、人脈、資格など）は何か。

(2) 現在に関する質問

・今、担当している仕事をどのように捉えているか。
・今の仕事でのやりがいは何か。
・今の仕事で大変なこと、苦労していることは何か。
・今の仕事での役割、責任、期待されていることは何か。
・自分の強み・得意なこと、弱み・課題は何か。
・今の仕事に対する評価、上司からのフィードバックはどうか。
・働くうえで大切にしていること、価値観は何か。

(3) 今後（将来）に関する質問

・なりたい・ありたい自分、やりたいことは何か。
・仮に3年後、5年後、10年後を考えたとき、どのようになりたいか。
・自己実現するために、今からできることは何か。
・そのための明確な目標、具体的な行動計画は何か。
・将来に向けて維持したり、改善すること・捨てる（アンラーニング）ことは何か、「新たに獲得したいこと」は何か。

・働くうえで大切にしたいこと・価値観とその優先順位は何か。

(4) 過去・現在・将来の質問の振り返り

・過去、現在、将来について改めて話をして気づいたこと、感じたことは何か。
・今後に向けてやること、具体的な行動の再整理をどうするか。

キャリア支援者は、こうした質問例を頭に入れておきます。カウンセリング時に、適切な質問を柔軟にタイミングよく取り出し、有効に利用できるようになることが求められます。

7 キャリア形成に大きな影響を与えるアサーション

「コミュニケーション力」は、キャリア形成に大きな影響を与えます。キャリアは人との関係性の中で次第に発達し形成されるからです。実際にキャリア相談では、人間関係に関する相談が多く含まれています。

たとえば、上司との関係や部下との関係では「言いたいことがなかなか言葉にできない」「うまく伝えられない」などの相談です。年上部下に管理職として、「率直に言うべきこと、厳しいことも含めて、ありのままのことが口に出せない」などの相談も最近では増えています。

コミュニケーションでは、「聴く力」は大切です。同時に率直にはっきり「伝える力」も大切です。相手を理解すると同時に自分の思いや感じていることも伝え、相互理解を深めるコミュニケーションスキルが必要です。そこで求められるのが、「アサーション」です。

❖アサーションとは何か

伝えるコミュニケーションには、３種類あります。

①非主張的（ノンアサーティブ）――伝えたい、言いたいけどなかなか言葉にできず、感情を抑えてしまう場合。内心に不満が残り、相手に対する感情はマイナスのままです。

②攻撃的（アグレッシブ）――自分の感情をコントロールできず感情的になる。自分が言いたいことを攻撃的に相手に強く伝えます。相手とは関係性が悪化し、問題解決に至ることがむずかしくなります。

③率直でさわやかな自己表現（アサーティブ）――相手に対して言いたいことを率直に伝える。相手の立場も気持ちも考慮し、率直にありのまま伝えることが自分にも相手にもプラスになります。相互理解を深めることになるコミュニケーション法であり、アサーションを日ごろから上手に効果的にできるかどうかは、信頼関係の形成に大切です。

❖アサーションの４つのステップ「DESC法」

アサーションには４つのステップがあります。整理すると、

①D（describe）／状況、場面を正しく描写する――解決したい課題、状況、相手の行動などを客観的に事実のみを描写して伝えます。ここでは自分の感情などを入れないことが大切です。

②E（express）／説明する――この状況に対して自分がどのように思い、感じているのか。改善してほしい点など、率直に冷静に落ち着いて考えを相手に伝えます。この場合、ありのままのことを話すにしても感情的にならず、相手を尊重し、受け入れてもらいやすいような言い方を心がけます。

③S（suggest）／提案する――問題を解決するために相手に望んでいること、やってほし

いこと、解決のための提案などについて論理的、系統立てて落ち着いてゆっくり提案します。強制や押しつけにならないような注意が必要です。

④C（choose）／選択する——この提案に対して相手がどのように反応するかをよく観察します。受け入れられない場合にも、他の選択肢、代替案など再度、提案を繰り返しながら、相互にできる限りｗｉｎ-ｗｉｎになるような話し合い、対話を冷静に行います。

キャリアカウンセラーとしてアサーションを身につけたい場合に、ただ頭で理解しているだけではなかなかうまくいきません。日ごろから職場で、ことあるごとに挑戦し、絶えず振り返りながら、練習を繰り返すことで上手になってくるでしょう。アサーションは、

①誠実であること。
②率直であること。
③お互いに対等であること。
④自己責任であること。

こうした点を意識しながら、実行するといいでしょう。

第4章

キャリア支援とそのアプローチ

「キャリア支援者」「人事担当者」が求められる知識

第3章を読み終えて、悩みを抱え今後のキャリアについて悩んでいる相談者にどう向き合うのか、その実務をおおよそを理解できたのではないでしょうか。とはいえ、現実には、ここまでの説明の範囲が枠を超えた相談もあるかもしれません。

そこで、課題を整理するために役立つのが、「キャリア理論」です。カウンセリングの研究者、キャリア心理学者、経営学における人的資源管理理論などの研究者らがキャリア支援を具体的に進めるうえで心得ておく必要がある理論的なことを整理しています。特に多様なキャリア支援に現場で実際に携わる皆さんは、キャリア支援の実務の背景となるキャリア理論を正しく理解する必要があります。キャリア理論は、社会背景や時代変化とともに生まれてきました。ここでは現代社会における労働環境にマッチした新しいキャリア理論を紹介します。

1 〈理論〉組織心理学「キャリア発達の3次元モデル」のエドガー・シャイン

エドガー・シャイン（Edger E. Schein：1928－2023）は、産業組織心理学者（マサーチュセッツ工科大学教授）であり、キャリア発達の段階と課題、キャリア・アンカー、キャリア・サバイバル（職務と役割のプラニング）、キャリア発達の3次元モデルなどの理論を提唱しました。

まずは、「キャリア発達段階とその課題」から説明しましょう。

(1) 成長・空想・探求（0〜21歳）

職業は単なる1つの考え方であり、この段階でのキャリアは職業に関する固定概念にすぎない。どのような職業選択も、その後、必要となる教育訓練に備える段階。

(2) 教育と訓練（16〜25歳）

仕事の世界への参加、基本的訓練のステージ、仕事の目標が明確化され、変化のために何らかの選択を行う、自分の欲求と組織の欲求を調和させることを学ぶ段階。

(3) 初期キャリア（17〜30歳）

現実の仕事はどのようなものか、仕事への取り組み方を学ぶ時期、仕事の義務を果たすうえで、才能、動機、価値観、などが試される。その中で、自己認識を獲得し、より明確な職業上の自己概念を開発する段階。

(4) 中期キャリア（25〜45歳）

組織は期待をかけ、この時期にそれに応じるように人に求める。組織内で明確なアイデンティティを確立する時期。セルフイメージが次第に形成され、高度な責任を持ち長期的キャリア計画を持てる時期。キャリア計画には仕事、家庭、自己の3つの領域が統合されるように調整する段階。

(5) 中期キャリアの危機（35〜45歳）

これまでの歩みを再評価し、現状維持かキャリアを変えるか、新しいより高度な仕事に進むかを決定する時期。現状の再認識、再確認を行う。キャリアと家庭のそれぞれの欲求に葛藤が発生し、問題解決をする努力が必要な段階。

(6) 後期キャリアの危機（40〜50歳）

管理者、メンターなどの役割を果たす。自己の専門性を高めるが、一方で組織内における自己の重要性の低下が次第に起きる現実を認める。現状を維持し、仕事以外での自己成長を求める場合には、自己のポジションや影響力の減少を受け止め、受容することが必要な段階。

⑺ 衰えと離脱（40歳～定年）

組織からの引退を考えるようになり、引退に向けた準備を徐々に行う。組織における仕事以外に、家庭、地域活動、趣味などにも目を向け、新たな満足を得られる対象を探す。配偶者との関係の再構築の時期。

⑻ 引退（定年後）

定年後、職業生活から引退し、自己のアイデンティティと自尊感情の維持、自分のこれまでの長い豊富な経験と知恵を活かし、社会や他者への支援の役割を発見する時期。

シャインは、こうしたキャリア発達のステージはさまざまな組織、個人の能力と意欲の程度などの要因によって左右されるとしています。

キャリア・ステージの分析は、特定の年齢や他の人生段階に結びつけようとするよりも、むしろすべての人がさまざまな形で直面する共通の問題と課題を分析することが大切であると述べています。

❖キャリア・アンカーとは何か

キャリア・アンカー（Career Anchor）とは、キャリア選択のときに判断基準となる個人の価値観や優先したい欲求、キャリアの軸足を置くものをあらわします。シャインは、たとえ周囲が変化しても自己の内面で揺らがないものであるとしています。キャリア・アンカーは、次の3つの構成要素が統合された「自己概念」によって組織化されています。

- 何ができるのか（Can）――能力、才能。
- 何をしたいのか、どうありたいのか（Will）――動機、欲求。
- 何をしなければならないか（Must）――価値、態度、行動。

また、シャインはキャリア・アンカーの種類は8つであるとしました。最初は①～⑤を設定し、その後に⑥～⑧が加えられ、現在は8つのキャリア・アンカーが提示されています。アンカーを明確化することには、次のようなメリットがあります。

- 何かに取り組むとき、それが自分に意味や価値があるかを感じることができる。
- 自分の考えをシステマチックに整理することができる。

・自分の職業観に気づくことができる。
・ライフ・キャリアを見直し、確認することができる。

❖8つのキャリア・アンカーを詳しく見る

①専門・職能的コンピタンス（TF）——特定の専門的分野で自己の能力を発揮することにやりがいを感じる。

②経営管理コンピタンス（GM）——組織内の機能を相互に結びつけ、対人関係を処理し、集団を統率する能力や権限を行使する能力を発揮し、組織の期待に応えることにやりがいを感じる。

③自律／独立（AU）——組織のルールや規則に縛られず、自分のやり方で仕事を進めていく、仕事のペースを自分の自由裁量で決めることを望む。

④安全／安心（SE）——仕事の満足感、雇用保障、年金、退職金など経済的安定を得ること。また、1つの組織に安定して勤務し、組織への忠誠・献身を行うことに心理的安全性を感じる。

⑤起業家的創造性（EC）——新しいものを創り出すこと。障害を乗り越える能力と意気

込み、リスクを恐れず達成すること、達成したものは自分の努力によるものだと思えることが原動力になる。

⑥社会貢献／献身（SV）――暮らしやすい社会の実現、他者の支援、教育など価値のあることを達成すること、転職しても関心ある分野で仕事をする機会を求める。

⑦挑戦（CH）――解決困難に見える問題の解決や競争相手に打ち勝とうとする。人との競争にやりがいを感じる、目新しさ、変化、むずかしさが目的となる。

⑧ライフスタイル（LS）――個人的な欲求、家族の欲求、自分の仕事と生活のバランスや調整を図る。ライフワークを考え、それが可能な仕事を選択する。

2 〈理論〉キャリア・サバイバル「職務と役割の戦略的プラニング」をしたシャイン

キャリア・アンカーが個人のニーズであるのに対し、組織のニーズの分析の必要性をシャインは、「キャリア・サバイバル」としてまとめました（1995）。個人のキャリアが順調に開発され発展するには、個人ニーズと組織ニーズが相互にマッチしていることが重要です。そのためには誰もが「職務と役割のプランニング」が必要で、自分の職務と果たしている役割を定期的にチェックすることが大切であるとしました。

そして、職務と役割のプランニングを行うことによって、自分の持つ人的ネットワークを再認識することができ、職務要件と中心的な利害関係者を理解することもできるとしました。

「キャリア・サバイバル」に関して、「戦略的にプランニングすることの意味」を5つに整理しました。

①自分に対する他者からの期待と、自分の職務との関連を理解できる。
②自分の職務における中心的な利害関係者が、誰であるかを理解できる。
③中心的な利害関係者の自分への期待が、何であるかを理解できる。
④仕事環境における今後、予想される変化を理解できる。
⑤自分のすべての職務に対して、その意味を理解できる。

「職務と役割のプランニング」を行わなければ、仕事に関する情報やキャリアの選択肢が不十分で表面的、不正確だと仕事はうまく遂行できず、キャリア選択もうまくできないとシャインは述べています。また、現状の職務と役割を棚卸しするために、「職務と役割の分析と戦略的プランニング」のステップを示しています。

❖現状の職務と役割を棚卸しする

次の6つのことが現状の棚卸しには必要であるとされています。

①役割ネットワーク、自分に期待されていることを明確化する。
②環境変化を識別する（技術、経済、政治、社会、文化）。
③環境変化が利害関係者の期待に与える影響を評価する。
④職務と役割に対する影響を確認する。
⑤職務要件を見直す。
⑥プランニングをいろいろな角度から実践的に行ってみる。

こうした戦略的プランニングを行うことにより、以下のようなメリットが導き出されると考えられています。

①現状の職務の棚卸しから自分の能力、スキルを整理でき、自己肯定感を導き出す。
②自分と仕事上で関わる人間関係の構築を客観視でき、求められる役割を整理できる。
③広い視野から現状の職務、組織、環境の変化を予想できる。
④今後、必要とされる能力、スキル要件がわかる。
⑤新たなスキルなどの獲得への目標設定ができる。
⑥目標に向けて具体的に行動する後押しができる。

こうしたシャインの理論は、企業内で行う「キャリア研修」の理論的な背景となっています。

❖「仕事・家族・自身への影響」を整理したキャリア・ダイナミックス

人は仕事だけでは生きられず、ライフサイクルにおいて「仕事・家族・自身」が内部で強く影響し合うものであり、この相互作用は成人期全体を通して変化が継続して起きますが、これが動態的な「キャリア・ダイナミックス」であるとしました。

しかし、組織に雇用され働く場合には、組織には組織自身の要求があります。この組織の要求と働く個人の要求がお互いにうまく調和するために「組織と個人の相互作用」が欠かせないとシャインは、述べています。

社会環境の変化に伴い、組織の要求は当然変化し、こうした中では組織も個人も複雑な環境に置かれ、両者の相互作用はそのときの状況における外部要因によっても決定されます。その決定過程において、「キャリア・ダイナミックス」は出現するとシャインは述べています。

シャインは、キャリア・アンカーとキャリア・ダイナミックスをペア概念として提唱しました。「キャリア・アンカー」は個人が求めるキャリア形成の過程で軸足を置く価値観ですが、一方「キャリア・サバイバル」は、組織に個人が合わせ組織に適応する側面になります。組織内では、働く個人が自らの価値観に基づき、自らの個性や持てる能力を最大限発揮して働くことは何よりも大切です。しかし、同時に、働く組織の要求にもうまく合わせることで、環境に適応しながら働くことも大切です。

シャインは、「キャリア・アンカー」の概念だけでは個が強くなりすぎるので、同時にこうした組織への適応のための「キャリア・サバイバル」の概念を提唱し、さらに「組織社会化（organizational socialization）」（新しく組織に入ってくる社員がその組織に適応し、メンバーになっていくプロセス）についても示唆しています。そこでは、仕事の進め方を中心とした独自の組織文化（組織に関する知識、技能、行動様式、価値観など）を社員に伝えることの重要性に触れています。しかし、組織社会化の対象は、組織で働くすべての人に大切であり、環境変化に伴い適応するために不可欠であり、組織社会化に終わりはないとも述べています。

3〈理論〉キャリア転機の乗り越え方を示したナンシー・シュロスバーグ

シュロスバーグ（N.K. Schlossberg）は、人生がさまざまな「転機」（トランジション）の連続から成り立っており、個人が自己の転機をどのように乗り越えるか、そこでの努力と工夫を通してキャリアは開発され、形成されるとしました。

シュロスバーグは遭遇する転機において大事なことは、「転機をどのように捉え、その都度うまく転機に対処できるかどうか」であるとしています。キャリア転機のプロセスをよく理解し、転機にうまく対処しながら、自律的にキャリア・マネジメントを行うことが大切だと考えました。

❖キャリア転機に対処する3つのステップ

転機に遭遇したときにどのように対処するかについては、次のような3つのステップがあります。

・**第1ステップ**　転機を見極め認識する。
・**第2ステップ**　転機を乗り越えるために所有するリソース（資源）を点検する。
・**第3ステップ**　転機をありのまま受け止め、うまく対処する。行動計画を立て転機による変化を活かす。

それぞれのステップについて、詳しく見ていきましょう。第1ステップは、転機を見極め認識することであり、この転機はどのタイプかを見定めることが必要です。

〈第1ステップ❶〉転機を見極め認識する／キャリアの転機

キャリアの転機には、次の3種類があります。

①**自ら意思決定し、転機を起こす場合**――転職、異動（公募）希望を出して異動、早期退職、起業。

②**人の発達過程（年齢）の変化から転機が起きる場合**――卒業・就職、結婚出産・育児休業、役職定年、定年退職、雇用延長。

③**環境要因から自分では想定していなかった転機が起きる場合**――不況による倒産・失

業、感染症の流行などによる想定外の失業。

〈第1ステップ❷〉転機を見極め認識する／転機を評価する4つの視点とは？

転機は、「個人が転機である」と認識して初めて転機（トランジション）になります。評価するときの基準は、4つあります。

①転機の影響度――転機により自己の役割、人間関係、日常生活などについて、どの程度変化させなければならないか。
②転機のタイミング――転機としてこの時期は、適切なタイミングか。
③転機の自己コントロール――転機を自律的に対処し、コントロールできるか。
④転機の持続性――この転機は一過性か、永続的か。

〈第1ステップ❸〉転機を見極め認識する／イベントとノンイベントを知る

転機はイベントとノンイベントに分かれます。イベントとは、予期した通りのことが起ることで、ノンイベントは、予期したのに起こらなかったことを言います。

①予期していた転機が起きること「イベント」――大学を4年間で卒業する、卒業後に就職する、管理職になる。
②予期したことが実際に起きないこと「ノンイベント」――昇進・昇格できない、希望した部署に異動できない、定年まで勤められない。
③予期していなかった転機が突然起きる――会社が倒産、想定外に海外へ異動、病気になり休職する、親の介護の必要から退職する。

〈第1ステップ④〉転機を見極め認識する／転機に伴う変化を想定する

転機には4つのうちの1つ、または2つ以上の変化が起きます。

①人生役割の変化――役割のどれかがなくなるか、大きく変化する。
②人間関係の変化――公私の人間関係が強化されたり、反対に弱まったりする。
③日常生活の変化――何を、いつ、どのように行うかなどが変化する。
④自己概念の変化――自身への捉え方や考え方が変化する（プラス、マイナスがある）。

このような転機に伴う変化においては、

・マイナスの影響をいかに最小限にとどめる。
・転機による変化を冷静、客観的に受け止め、効果的に対処できるか。

がポイントとなります。次の第2ステップは、転機を見極め認識することです。第2ステップでは「4S点検」を行い、自己の資源（リソース）を点検します。「4S点検」の4要素とは、

①**状況**（situatioin）
②**自己**（self）
③**支援**（support）
④**戦略**（strategy）

①～④の4つのSに基づいて点検を行います。4S点検（頭文字がすべてSからはじまる）の方法は、転機によるキャリアカウンセリングケースの中で、汎用性が高く幅広く用いることができる支援方法です。

キャリアカウンセリングでは、さまざまな視点からクライエントと一緒に4S点検を行い

ながらクライエント理解と転機の特性を理解し、転機の意義を踏まえ効果的な支援を行います。

〈第2ステップ❶〉リソース（資源）を点検する／状況

第1ステップを踏まえて転機における状況を点検します。1つずつ説明していくことにしましょう。

・**原因**――転機はどのような状況で生じたのか、何を選択したのか。
・**予期**――この転機は事前に予期は可能だったのか、突然、起きたのか。
・**期間**――一時的な転機か、永続的な転機か。
・**体験**――同様の転機をこれまで経験したことはあるか、乗り越えた経験はあるか、そのときの気持ちや状態はどうだったか。
・**ストレス**――現在の転機以外に抱える問題は、他にもあるか。
・**認知**――この状況をどのように捉え、受け止め、意味づけているか、この転機は好機（チャンス）か、危機（ピンチ）なのかを判断します。そして②の自己（self）では、自分の価値観や資源を点検します。

〈第2ステップ❷〉リソース（資源）を点検する／自己

・**仕事の重要性**──自分にとって仕事は、どの程度重要なのか、仕事のどの部分に興味・関心があるのか（職務内容、地位、給与など）、価値を置いているものは何か。

・**ワークライフバランス**──仕事、家庭、趣味、地域などのバランスを生活全体の中でどのように考えるか。

・**変化への対応**──転機を乗り越えるために積極的に行動する、再び学び訓練を受ける、自分の考え方を積極的に変化の方向へどのように向けるのか。

・**自らへの自信**──自分への自信はあるか、新しいことに挑戦しようとしているか、強みは何か、活かせる能力には何があるか。

・**人生の意義**──人生に対してどのような意味や価値を感じているのか、何らかの使命感を有しているか。

そして、いよいよ③で支援（support）に入ります。ここでは、「どのような支援を得ることが可能か」を見定めます。そのときに行動計画を立て転機による変化を活かします。

〈第2ステップ❸〉リソース（資源）を点検する／支援

・良い人間関係――支援してくれる人はいるのか、どのような人たちか、特別に支援をしてくれる「キーパーソン」はいるか。
・励まし――自分を支援し、期待し、励まし、背中を押してくれる人はいるか。
・情報――転機に必要な情報を収集する能力や方法を持っているか、必要な情報提供をしてもらえるか、助言指導をもらえるか。
・実質的援助――経済的な支援や支援活動など実質的支援を望めるか。

このときに、４Ｓ点検の１つである④の戦略（strategy）に当てはめ、「転機において今後可能なキャリア戦略」を思考します。

〈第2ステップ❹〉リソース（資源）を点検する／戦略

・転機への認知や意味を変える、行動を起こす――前向きに捉え積極的に行動する、助言・指導を求める、自己主張をする、優先順位を変える、交渉する、柔軟に思考し、他の選択肢も視野に入れる。また、実現の可能性をさぐり具体的対策を立てる。

〈第2ステップ❺〉リソース（資源）を点検する／（転機における）状況

・転機のストレスを解消する――感情を抑制せず表現して発散する、運動する、気分をリラックスさせる。さらに、誰かに話を聴いてもらう、カウンセリングを受ける。

さて、第2ステップまで理解できましたか。いよいよ第3ステップに入ります。ここでは転機における状況を見極め認識することに注力します。

具体的には、転機を自らが受けとめ効果的に対処していくことが必要です。転機にあるクライエントが有する資源（リソース）を引き出し、整理しながら強化し、資源を活かすための具体的行動計画を立て、実行に移す支援を行います。カウンセリングモデルと4Sの関係についてまとめ、「転機の理論のカウンセリングへの応用」を発表しました（図表4－1）。

〈第3ステップ❶〉転機における状況を見極め認識する／転機を効果的に活かす

シュロスバーグは人生の変化としての「転機」は、2つに分かれるとしました。

①うまく活かすことができるか。

②うまく活かすことができないのか。

●図表４−１　カウンセリングモデルと4Sの関係

各段階	4Sトランジションモデル			
	①状況	②自己	③支援	④戦略
リレーションの形成	基本的なカウンセリングのスキルを活用する			
アセスメント	クライエントの環境	クライエントの内的な資源	外部の資源	対処できることの整理、見立て
ゴールの探索と提示	環境の部分修正	転機における心の平静を取り戻す	得られるサポートを増やす	実行計画を発展させる
可能なカウンセラーの介入	クライエントの環境の再構成 アサーション訓練	クライエントが活かせる強味、長所の探索	得られるサポートや支援を受けられるグループの紹介	問題解決型の戦略
終結フォローアップ	転機においてクライエントが、自分に何が起きているのかを振り返り整理し、次の転機のステップへの移行を計画できるように支援する			

です。その違いは以下の3つにあると述べています。

・多様な選択肢を持っているか、転機を乗り越えるための多様な方法を知っており、そこにいろいろな選択肢を持っている。

・自分への知識を持っているか、自分自身に対する客観的な正しい理解を持っている。

・自律性を持っているか、遭遇した転機をうまく乗り越えるためのいろいろな資源（リソース）を主体的に活用することができる。

❖転機のニュートラル・マネジメントはどうするのか

同じく転機（トランジション）の研究者であるブリジス（W.Bridges）は転機について、「①ある終わり→②ニュートラル・ゾーン（中間の空白期間）→③あるはじまり」の3段階の過程を進むと考えました。ブリジスによると、転機のプロセスは何かが終わることからはじまるとし、新しいものを手に入れる前には古いものから「脱皮」し、そこから離れなければならないということです。そして、終わりと新たなはじまりの中間点には「ニュートラル・ゾーン」があるとしました。

この中間点が大切な役割を果たしており、「ニュートラルゾーン・マネジメント」をいかにうまく行うかが転機を左右すると考え、特性を次のようにまとめています。人は変わりたいと思ってもすぐには変われない、転機には中間に「空白・無為」の時期があるとしています。

①ニュートラル・ゾーンに入るとかつてのものは色あせ、確かな感じがしなくなり、この中間点は「モラトリアム期間」となる。この期間には、これまでの価値観、行動基準を見直し、書き変えるときである。

②この空白期間は転機において人が変わるための大切な役割を果たす。古いものを捨て、新しいものを再構築する過程と考えることができる。

③転機の空白の期間では、先が見えないために不安感や虚無感が生じますが、そこで再度自分と向き合い、自分を見つめ直し、内省を行うことが大切である。

④ニュートラル・ゾーンを大切に過ごすことにより、時間の経過とともに、「前向きなエネルギー」が次第に湧き出してくる。この空白期間は癒しの期間、自己再生の期間となり、新たな捉え方や見方へと次第に変化して行くことができる。

では、転機をマネジメントするニュートラルゾーン・マネジメントは、どのようにすればできるのでしょうか。「ニュートラルゾーンを管理する7か条」は次の通りです。

①自ら責任と自覚を持ち、自己管理せよ。
②何が転機により変化するのか、変化による影響を明らかにせよ。
③思い切って捨てるもの（アンラーン、学習棄却するもの）は何かを明らかにせよ。
④転機により終わるものは何かを整理せよ。
⑤転機における自分の感情（不安や葛藤など）を受容し、感情と向き合うようにせよ。
⑥転機においても安定しているもの、維持するもの、継続するものは何かを明らかにせよ。
⑦大きな大切な決断をするときには、時間をかけよ。

4 〈理論〉「社会の大変化で生まれた概念」ダグラス・ホール

ダグラス・ホール（D.Hall）は20世紀末の社会の大きな変化に伴い、安定した長期的雇用を保障できない社会へと移行し、特定の企業内で安定的、長期的な伝統的キャリアに変わる新しい概念として、「プロティアン・キャリア」を提唱しています。ホールの理論は組織心理学をベースにしていて、キャリアの主観的側面やE.H.シャインの内的キャリアに注目しています。

①キャリアは、生涯の長い期間において、仕事に関する多様な経験や活動と結びついて形成され、個人によって認知される一連の態度、行動である。
②キャリアは、組織階層的に上方へ移行するとは限らない。
③キャリアは、成功や失敗があっても、そのキャリアを歩む本人によって評価される。
④キャリアは、主観的側面（個人の成長に伴って変化する価値観、態度、動機）と客観的側面（特定の仕事の提示を受けたり、拒否したり、観察可能な選択行動）があり、両面を考慮する必要がある。
⑤キャリアとは、プロセスである（仕事に関連した経験の連続である）。
⑥キャリアは、他者との関係性の中で形成される。

ホールは、「関係性アプローチ」の大切さを提唱し、人々との相互依存的な関係性の中で、学び続けることにより「プロティアン・キャリア」（変幻自在なキャリア）は形成されるとしたのです。

❖個人の意思を配慮する「プロティアン・キャリア」

ホールは1996年、2002年に新たなキャリア概念としてプロティアン・キャリアを提唱しました。

産業社会の構造変化により個人と会社の間の伝統的心理契約――ハードワーク、業績、ロイヤリティとコミットメント――によりこれまで、雇用保障が得られましたが、現代社会では新たなプロティアン・キャリア契約（貢献と利益による短期的な契約）に移行した、と述べています。

プロティアンとは、「変幻自在である」とし、キャリアは組織によって管理されるものではなく、個人によって管理されるものであり、キャリアを形成するその個人の欲求に見合うようにその都度、向かう方向性が変化するものであるとしています。

キャリアは生涯を通じた経験・スキル・学習・転機・アイデンティティの変化の連続である。このプロティアン・キャリアを実現するためには、アイデンティティとアダプタビリティの2つのメタ・コンピテンシー（新たなコンピテンシーを学んでいくための能力）が必要であるとしました。アイデンティティとは「自分とは何か」という概念ですが、次のように考えています。

①自分の価値観、興味、能力、計画に関する認識の程度。

②過去、現在、未来の自己概念が統合されている程度。

変化の激しい時代は、個人が環境の変化に応じ、変幻自在に自らのキャリアを環境に合わせ適応していくことが求められます。そのためには、自身の中でぶれない軸が必要になります。その軸とは、肯定的なアイデンティティであり、新たな挑戦的な目標へ自らの意欲を高めることに他なりません。

また、人は社会や組織の中でいろいろな役割を担っていますが、こうした役割期待に応えようとする自己認知を「サブ・アイデンティティ」としています。これは「組織内での仕事上、期待されている役割、役割期待に対する自己認知」のことを意味しており、自分は組織から何を期待され、どのような責任・役割使命を果たさなければならないのかの自覚や認識を持つことであり、環境適応において重要な役割を果たしています。

●図表4−2 「伝統的なキャリア」と「プロティアン・キャリア」の比較

項目	伝統的なキャリア	プロティアン・キャリア
主体者	組織	個人
核となる価値観	昇進、権力	自由、成長
移動の程度	低い	高い
重要なパーフォーマンス	地位、給料	心理的な成功
重要な態度的側面	組織へのコミットメント	仕事に対する満足感
重要なアイデンティティ	他者からの尊敬	自尊心、自己への気づき
重要なアダプタビリティ	組織で生き残ることができるか	市場価値

❖環境変化に適応する「アダプタビリティ」

ホールはアダプタビリティと適応の概念を区別しています。そして、「アダプタビリティ＝適応コンピタンス×適応モチベーションだ」としています。この「適応コンピタンス」を以下の3点をあらわしています。

①アイデンティティの探索を行う――アイデンティティの維持や修正を行うために、自身に関する正確な情報を得ようとする。

②反応学習を行う――変化する環境からのサインを読み取り、その要求に対応したり、反対に環境に影響をおよぼすために、自らの役割行動をさらに発展させたり、最新のものとする。

③統合力――自分の行動とアイデンティティの一致を保ち、環境変化に的確に応える。また、「適応モチベーション」とは、適応コンピテンシーを発達させたり、与えられた状況に対し適応コンピテンシーを応用しようとする意思を示す。

プロティアン・キャリアを促進させるために、ホールは以下の10ステップをあげています。

①「キャリアを有しているのは個人である」という認識からスタートする。
②個人が発達の努力をするための情報やサポートを創り出す。
③キャリア発達は関係性的な過程であることを認識する、組織やキャリア支援者はブローカーとしての役割を果たす。
④キャリア情報、アセスメント技術、キャリア・コーチング、キャリアコンサルティングを統合する。
⑤キャリアに関する支援内容や新しい契約に関して従業員と十分なコミュニケーションをとる。
⑥キャリアプラニングではなく、仕事のプラニングを促進させる。複雑で変化の絶えない環境において、個人がなすべきこと、必要とされている仕事とのよい相性を見出す。
⑦人間関係や仕事を通じての学習を促進する。
⑧キャリアを発達させる仕事や人間関係への介入を促進する。
⑨職務に熟達することではなく、「学習者」としてのアイデンティティを重視する。
⑩発達のために自分の周りにある資源を活用する。資源とは、仕事・チーム・フィードバック、メンタリングなどの発達的関係である。

5〈理論〉「ナラティブ・アプローチ」マーク・サヴィカス

サヴィカス（M. Savickas）はキャリア構築理論として、「社会構成主義」を提唱しました。社会構成主義とは「人は周囲から与えられた意味、あるいは自らが与えた意味に従って社会を理解し、それを再構成し、それに基づいて思考し行動する」と考える理論であり、人はいつも他者や環境との相互作用によって学習し、発達すると考えます。

その人の持っている知識や経験は、置かれている社会との関係性に結びついており、周囲からの評価や周囲の人たちとの関係性の中で、その行動の意味が個人によって次第に形成され、その自己の物語に沿って人生を歩んでいくと考えました。そして、人は社会や環境の影響を受けながら人生の意味を与えられ、自分や環境に独自の意味づけをし、それに基づいて思考し、行動する。特に「言葉」が大切な意味を持っていると述べています。

❖キャリア支援とナラティブ・アプローチ

たとえ同じ経験であっても、その受け取り方は人によって異なり、「客観的事実」そのものよりもその人がどのように「意味づけるか」により、事実も異なってきます。自分のこれまでの過去の経験を捉え直し、未来につながる意味づけを行い再構築することにより、人は「新たな自分の物語」を創ることが可能であるとサヴィカスは考えました。

人は人生を語るとき、その人なりに独自の「筋立て」を基に人生を語ります。その人がどのように人生を意味づけるかによって、物語は異なってきます。カウンセラーはクライエントの「ナラティブ（語り、物語）」を引き出し、クライエントが「望む未来、描く未来」を描き、これまでとは異なる「新たな物語」を一緒に創造するのが、「ナラティブ・カウンセリング」であるとしました。

人は重要な他者やさまざまな体験による影響を受けることから、自分の考えや行動のパターン（物語）を形成します。これを「ドミナント・ストーリー」（支配的なストーリー）と言います。人は自分を支配するドミナント・ストーリーに従って自分の人生を歩みますが、これまでの過去を捉え直し、過去が現在や未来につながっていることに気づくことにより、自分のとらわれから解放され、これまでとは異なる新たな物語「オルタナティブ・ストーリー」を創造することができます。

キャリア構築において、キャリアカウンセラーは、クライエントに「語り」を促し、「新しい物語を再構築」する過程に寄り添います。積極的にクライエントに質問を投げかけ、クライエントに伴走しながら、未来に続く代替のオルタナティブ・ストーリーを創造する支援を行い、カウンセラーは「共著者」や「伴走者」としての役割を果たします。こうして再び、「未来へ向けた新たなキャリア再構築」を行うのが、社会構成主義のナラティブ・キャリアカウンセリングです。

❖キャリア再構築のナラティブ・カウンセリング

ナラティブ・カウンセリングは、次のようなプロセスを経ながら進みます。このカウンセリングのプロセスの冒頭のクライエント理解（構築）においては、次に挙げる「5つの質問」をクライエントに行います。5つの質問によるインタビューを行うことにより、クライエント理解を深めていきます。

オープニング ➡ 構築 ➡ 脱構築 ➡ 再構築 ➡ 共構築 ➡ 実行 ➡ クロージング

サヴィカスのナラティブ・カウンセリングの「5つの質問（構造化面談）」

質問1　6歳前後の頃、あなたは誰に憧れていましたか（誰を尊敬していましたか、誰の真似をしていましたか、親は含めない）、3人挙げてください。どのような人でしたか、どこに憧れていましたか、3人に共通することは何ですか。

質問2　好きな雑誌、テレビ番組、webサイトは何ですか。どうして、それが好きで関心があるのですか、どこがおもしろいのですか。

質問3　好きな物語は何ですか（物語の題名ではなく、物語の内容を問う）。

質問4　指針となる言葉、モットー、座右の銘は何ですか。

質問5　幼少期の想い出、あなたの物語がはじまった頃の出発点とも言える最も古い記憶を3つ挙げてください。

また、サヴィカスは、ナラティブ・カウンセリングの視点を次の10項目にまとめています。

①人は物語によって人生を生きている。
②人が生きる拠《よ》りどころにしている物語は、真空地帯では生まれない。
③それぞれの物語にはディスコース（社会・環境・文化からの規律、通念、常識、価値観、考え方）が深く影響を与えている。

④近代社会は、社会規範によって縛られ特徴づけられている。
⑤これまでとは反対の自分に合ったオルタナティブ（代替の）ディスコースは必ず存在している。
⑥これまでの支配的な物語は、人生に変化を求める人たちに厳しい制限を与えている。
⑦これまでの支配的ディスコースから脱構築することにより、人生には新しい可能性が生まれてくる。
⑧それぞれ人の物語には、それに飲み込まれずにこれまで生きてきた経験が必ず存在している。
⑨「今ここ」を必ずしも重視しない。「今ここ」はありたい未来に向けた通過点であり、「どのような未来を構築したいか」を何よりも優先する。
⑩相談者を支援する人の課題は、相談者に以前よりも満足を与え、相談者が自分らしく感じられる筋書きや物語を構築することができるように支援することである。

❖アンラーニング「学びほぐし」とリ・スキリング「学び直し」

サヴィカスによれば、スピードが速く変化の激しい環境にいかに柔軟に適応することができるか、「キャリア適応力」は誰にとっても大切な課題であり、重要事項であるとしています。

たとえば、ジョブ型人事制度のような新しい制度導入に対する適応を支援することも、キャリアカウンセラーに求められるポイントです。環境変化に柔軟に対応し、自らのキャリアを再設計するためには、状況に応じた「アンラーニング（学びほぐし・学習棄却）」を行い、新たな学びを積極的に進め、自分自身の成長や変化を図ること、つまり「リ・スキリング（学び直し）」が欠かせません。

「アンラーニング」は、単に陳腐化し古くなって今ではもう役立たなくなった知識・スキルだけを対象としているのではありません。対象としては、「価値観、考え方・捉え方、行動、習慣、態度・姿勢」なども含み、広く考えるといいでしょう。キャリアカウンセリングでは、相談者の知識、スキル、思考法や価値観などが今の環境変化に適応しているのかを言葉に出し語ることを通して、内省（振り返り）を行う支援をできる力も求められます。

学び直しは、IT・DXなどの知識・スキル・資格取得などの本来の意味だけではなく、新しいことに向けた「行動」と、成功または失敗であったとしても「その経験を通して学習したもの」「結果として得られるもの」と広く捉え直すことでもあります。

たとえば、組織内での仕事以外にも、新しく地域の社会活動、ボランティア活動などをはじめてみる。こうした多様な行動も「学び直し」の1つです。その活動結果として得られる経験、学び、人脈などは、キャリアの形成にすべてつながると考えられます。

6 相談が増加する「発達障害の種類」と「特性」

最近では、発達障害を懸念する社員に関するキャリア相談が増加傾向にあります。人事担当やキャリアカウンセラーは発達障害に関する知識をさらに深めることが必要です。

採用時には発達障害の社員だとは気づかなかったけれども、その後、部署配属になってから業務にさまざまな支障が生じ、そこで初めて社員が発達障害であること、またはその疑いがあること（グレーゾーンの疑い）がわかり、現場でその社員にどのように対応したらいいかという、キャリア相談に対応することがキャリアカウンセラーに求められています。

担当の業務遂行がうまくいかず本人自身が悩んで直接来談するケース、他には職場の先輩（特にＯＪＴ担当者）、上司が発達障害の部下指導に悩んで来談するケースがありますが、こうした場合には何よりもまず発達障害についてよく理解することが必要です。

❖発達障害とは何か

発達障害は何らかの脳の発達の障害により、発達にアンバランス、発達の凸凹が生じている状態であり「できること、できないことの偏り」、すなわちアンバランスがあり、「できること、得意なことと苦手なことの差」が大きいのもその特徴です。このため毎日の生活、組織内での仕事への適応について程度の差はありますが、困難を感じることが出てきます。

組織内の発達障害者に共通によく見られる特性として「社会性の障害、対人コミュニケーションの障害、想像力の障害」などがあります。

しかし､発達障害の人は苦手な業務やミスなど周囲に迷惑をかける行動特性はあるものの、独自にその特有の強み、活かせる長所も合わせ持っています。その長所・強み・個性をいかに引き出すか、さらに環境を整えることにより、個々に有する能力を発揮してもらうかが大切な支援ポイントです。

特に発達障害の人は、自分が興味関心のあることには、集中力、関心・好奇心を持って熱心に取り組み、仕事に独自の個性や能力、ひらめき、創造性を発揮することがあります。業務遂行がうまくいかずに、周囲から注意や厳しい指導、叱責ばかりを受け、自己否定感が強くなるケースもあります。その結果、「二次障害」として抑うつ症状を示しメンタル不調に陥り、休職をする事例もあるので対応には注意が必要です。

❖3種類ある発達障害について知る

発達障害は主に3つの種類に分かれます。

(1) 学習障害（LD：Learning Disorders）

文字を読む、書く、計算をするなどに支障があり、小さい頃に障害に気づくことが多く、

・計算は得意でも文字が書けない。
・文章を読むことが苦手だが計算は得意。
・文章は読めても文字が書けない。
・読むことも書くことも苦手。

などの特徴があり、認知や記憶の障害があると考えられています。学習障害はＡＤＨＤ（注意欠陥多動性障害）やＡＳＤ自閉スペクトラム症と合併している場合があります。

(2) 注意欠陥多動性障害

注意欠陥多動性障害（ADHD: Attention Deficit Hyperactivity Disorder）の特徴は、次

のことが挙げられます。

・注意が散漫で落ち着きがない。
・集中力に欠ける。
・不注意なミスが多い。
・計画性がない。
・感情や衝動のコントロールが苦手。

ＡＤＨＤには、主に3つのタイプや特徴があります。

・多動・衝動性優位型――じっと落ち着いていられない。怒りっぽい、積極的で行動的、外交的でもある。
・不注意優勢型――内向的で消極的、ぼんやりしている、忘れ物が多い、片づけや整理整頓が苦手、時間を守れない。
・混合型――他動・衝動性優位型と不注意有勢型の混合型である。

しかし、ＡＤＨＤの人には他者とは仲良くしたい、人から認められたい、褒められたいという欲求があるので、その点は意識的にして対応することも大切です。

❖自閉スペクトラム症は臨機応変の対応が苦手

自閉スペクトラム症（ASD：Autism Spectrum Disorder）が３つめに挙げられます。「スペクトラム」とは連続体、範囲という意味です。ＡＳＤの人は、知的な問題は特にありませんが、特に対人能力、コミュニケーションが苦手で、こだわりが強く、臨機応変に柔軟に対応することなどが苦手です。人により多種多様の症状がありますが、ＡＳＤに共通しているのは、

①社会的関係性（対人関係）がうまく持てず維持・発展させることができない。
②対人コミュニケーションが苦手でうまくできない（曖昧な表現はわからない、例：適度に対応してください、指示も細かく具体的に伝えることが必要）。
③こだわりが強く、融通が利かない、頑固な特性がある、優先順位がうまくつけられない、締め切りが守れない。
④変化に対する不安や抵抗がある、急な予定変更などは苦手である。
⑤他者の感情や気持ち、その場の空気を読むなど、他人への想像力が弱い。

⑥感覚が過敏（音、臭い、光など）である。
⑦同時並行して複数の業務を処理する（マルチタスク）は苦手である。
⑧パターン的行動がある。

軽度な人を「グレーゾーン」と呼び、少し変わった人、融通が利かない人、こだわりが強い人という印象を持たれます。しかし、ぶれずにコツコツと1つの業務をこなすようなタイプのグレーゾーンの場合には、障害の範疇には入らないこともあります。

こうしたＡＳＤの人を障害者にしないためには、苦手なことを無理にさせない（適性のない業務からは外す）、ＡＳＤの特徴を踏まえ、それぞれの強味や長所を活用する、どのような業務に興味関心があり、何が好きでやりたいのかをよく話し合い理解し業務を担当させることが大切です。特に対人業務（営業など）は苦手であり、精密機器を扱う仕事なども、ミスが生じるため向かないと考えられています。

軽度の場合には、本人の得意（できること）、苦手（できないこと）をよく理解したうえで業務を配分します。そして「ジョブ・コーチ」を相談者としてつけて、困りごとは何でもありのままコーチに直接相談し、対応するようにするといいでしょう。

感覚過敏の人の場合には、職場での作業位置などを工夫したり、「耳栓」を使用し、音を遮断したり、場合によっては個別に会議室で集中して業務が行えるような配慮も必要です。上司は、発達障害の特性をよく理解し、わからないことや困っていることは、何でも気軽に相談できる環境づくりをすることが、何よりも大切です。

発達障害の疑いで受診する場合には、発達障害の専門病院や医師が少なく、初診まで待たされることが多くあります。障害者雇用の場合に発達障害は、「精神障害」の枠に入ります。発達障害者が働きやすい職場環境を整え、適切な配慮を受け、発達障害特性に合った適切な業務を遂行することにより、職場で活躍している発達障害者は多数見受けられます。

第5章

キャリア相談室の役割と機能

社員が相談しやすい環境を整える

1 変化する環境の中で生まれた「キャリア相談」ができる場

キャリア自律・キャリア・オーナーシップの考え方と共に社員は、「ありたい自分、なりたい自分、やりたいこと」など今後のキャリアを自ら考え、上司にキャリア申告を行い、「キャリア面談」「1 on 1」において上司との「対話」を通して、今後のキャリア上の目標やそのための具体的行動を明確化しなければならなくなりました。

しかし、これまでとは大きく異なる制度変革のもと、社員が主体的に将来のキャリア目標を設定し、実行に移すことはなかなか困難であり、誰もが漠然としたキャリア不安を抱き、戸惑う状況が生じてきました。上司側、部下側とも同様であると言えます。

会社から社員に対し「キャリアは自分自身で考え、切り開き、将来に向け自ら行動しなさい」と言われても、これからどのように考え、どう行動したらいいのかすらわからない状況の中で、社員が必要とし求めたのが、「キャリアの相談」にのってくれる専門家とそのための相談室でした。そこで、キャリア形成に疑問や不安を抱く社員の相談にのるために設置したのが、企業内「キャリア相談室」です。

2 企業内「キャリア相談室」の目的と機能とは何か

❖キャリア相談（キャリアカウンセリング）とは何か

社員のキャリアの相談にのりキャリア支援を行うことを目的としたカウンセリングが、「キャリアカウンセリング」です。

「キャリア」には大きく分類すると2つの考え方があります。

①ワーク・キャリア――職業・仕事、そして働き方。
②ライフ・キャリア――人生・生き方とその表現の仕方・プライベート生活。

長い人生の中で、仕事は誰にとっても人生の大部分の時間を割き、エネルギーを多大に費やすものです。「自分とは何か」という個人のアイデンティティも、仕事（ワーク・キャリア）に関わることがメインであることが多く、仕事は個人の「コア・アイデンティティ（最も自分を語るもの）」と考えられています。

つまり、言い換えれば、キャリアはその人の人生・生き方でもあり、また同時に、人生表現の仕方でもあると言えます。しかし、人生は単に仕事だけとは限りません。仕事以外のプライベート生活（ライフ・キャリア）も、キャリアの中で大切な意味を占めています。プライベートな生活における役割・責任も、同時に長い人生におけるキャリアに大切な意味を占めています。組織内におけるキャリアだけではなく、最近では組織内キャリアを定年で卒業して以降の長い人生における「生涯キャリア」形成やそのあり方にも注目が向いています。

心理的な部分も含め、相談に対応しキャリア支援を統合的に行うカウンセリングをキャリアカウンセリングと言います。

専門家としてのキャリア支援者は、国家資格（２０１６年に創設）を有する「キャリアコンサルタント」ですが、社内のキャリア相談を担当する人は、専門性の観点から厚生労働大臣が認定する「国家資格」を有していることが求められます（キャリアコンサルタントの登録を継続するには5年ごとの更新も必要）。また、部下とのキャリア面談（1 on 1）を行う上司も、資格取得までは必要ありませんが、キャリア支援のための基礎知識やキャリア面談スキルは必須です。

キャリア支援においては、相談者が抱えるキャリアに関する問題や気持ち・感情、ニーズの整理、そして必要に応じて情報提供、助言・指導をします。加えて、プライベートライフ

（ライフ・キャリア）も含めた多様な迷い・悩み、不安・葛藤なども含めキャリアと関係性が深いメンタルヘルスに関する課題なども含めた「統合的支援」を行います。

たとえば、キャリア形成がうまくいかず不安や葛藤にかられ、将来展望をうまく描けず悩む人の中には、次第に落ち込み、将来に対する強い不安を抱く人もいます。初期状態のときにキャリアカウンセリングの支援により、こうした落ち込みや不安を軽減できるといいのですが、長い間ひとりで悩み辛い思いをしていると、いつしか次第にメンタル不調になる社員もいます。このような場合には、キャリアとメンタルヘルスは相互に関係性が深く、キャリアとメンタルの両面からの丁寧な支援が必要になります。

そのため、支援方法としては「コンサルティング」の部分よりも、むしろ「カウンセリング」によるクライエントの気持ちやニーズにきめ細かく寄り添った丁寧な傾聴によるアプローチが必要となります。

❖キャリアカウンセリングとその内容を把握する

アメリカのキャリア開発学会（NCDA：National Career Counseling Association）は「キャリアカウンセリング」を次のように定義しています。

「キャリアカウンセリングとは、個人がキャリアに関して持つ問題や葛藤の解決とともに、ライフ・キャリア上の役割と責任の明確化、キャリア計画とその決定、その他のキャリア開発行動に関する問題解決を、個人またはグループ・カウンセリングによって支援することである」

キャリアカウンセリングの主要な支援内容としては、業界によって多少テーマは異なりますが、支援の共通課題、共通項目としては以下の通りです。

①今後の働き方・生き方（キャリア全般）に関する自己理解の支援と動機づけ。
②将来の中長期的なキャリアデザイン（計画）、行動計画の支援。
③キャリアの転機の支援（例：異動、出向、昇格、役割・責任の変化など）。
④キャリアの選択、意思決定の支援（例：異動、公募、転職など）。
⑤キャリア目標達成に向けたキャリア開発、具体的な自己啓発の支援。
⑥組織風土、職場環境、担当する業務への適応支援。
⑦人間関係（コミュニケーション）に関する問題、不安・葛藤の支援。
⑧ライフイベントと仕事との両立の支援（例：育児、介護、病気との両立）。

⑨部下育成上での部下のキャリア支援（例：女性部下の育成など）。
⑩メンタルヘルスの問題（例：休職・復職とキャリア中断とキャリア継続）。

キャリアの相談場面では「守秘義務」が条件です。すでに述べましたが、そのためには対話の冒頭に「ここでの話は決して外部に漏れませんので安心して何でもお話しください」と相談者に伝え、安心してありのまま話せる「心理的安全性」を担保します。丁寧に相談者に寄り添いながら傾聴し、事実のみならずクライエントの感情に対する共感的理解をしながら支援を行うことが欠かせません。

キャリア支援者は話の中での事実・事柄だけに注目するのではなく、その人がそのときにどのように感じ、どのような気持ちや感情を味わったのかを傾聴しながら相手の立場にたち、目線を合わせながら感情を深く共有しながら、「お気持ちがわかりましたよ」と共感的な応答で伝え返すことが大切です。

キャリアカウンセリングは相談者1人ひとりが有する「潜在能力を引き出し、顕在化させる」ことで、持てる力を最大限発揮できるよう相談者を動機づけ、やりがい、自己効力感（やればば自分はできるという見通し）や自信を持たせる支援を行うことです。

3　キャリア相談室の設置と運営方法

❖相談室の設置の考え方と運営で知っておきたいこと

(1) キャリア相談室は2種類に分けられる

人事や上司が行う「キャリア面談」以外に「キャリア相談室」の設置を専門的に設ける場合、2つのケースがあります。

①人事の組織内の機能の一部として設置する。
②人事から完全に切り離し、相談室を独立させて設置する。

2つ目の「人事から完全に切り離し、相談室を独立させて設置する」目的は、来談する社員の相談内容が人事や上司に漏れるのではないかという心配や不安を取り除き、自由に何でもありのまま相談できる「心理的安全性」を担保することです。そのためには、相談者とのメールのやりとりにはCC（メールのカーボンコピー）を入れない、相談室は人通りの少ない目立たない場所に設置する、特に相談記録の管理保管には注意する、音が漏れにくい個室にするなどの配慮が必要になります。このように人事の組織内の機能として取り入れる、または相談室を独立させて設置することは、いずれにもメリット、デメリットがあり、どちらが良いかの判断は組織にもよります。

ところで、人事部内に設置した場合も、相談者に「守秘義務を固く守る」ことは、面接の冒頭で必ず伝え約束して安心してもらいますが、場合によっては、相談者自身が相談内容を人事とむしろ共有してほしいと希望するようなこともあります。このときは、人事と相談内容に関する情報共有を行い、効果的な連携をとる必要があります。

人事と共有してほしい事例は、

①上司の問題で部下たちが苦労し、日々強いストレスを部下が感じており、人事からも上司の問題を共有し、人事から対処してほしい（相談者の個人名は伏せることが条件）。

②営業部において現在、相談者は高い成果を上げており、今回の公募で希望部署への異動を希望しているが、上司が公募に反対し、密かに引き留められて困っている（規則では上司は引き留めることはできない）。

などがあります。

(2) キャリア相談の担当者

キャリア相談の担当者（キャリアカウンセラー）は、社内または社外のキャリアコンサルタント資格を有する専門家が担当することが望ましいでしょう。具体的には、次のような方法があります。

①社内の人材を活用し、キャリアカウンセラーを育成します。具体的には、相談担当予定者を社外のキャリアコンサルタント養成講座に派遣し国家資格を取得してもらう、つまり社内事情に詳しく相談担当者としてふさわしい社員が相談を担当できるようにします。これが一般的です。

②社外から有資格の専門家を招聘《しょうへい》し、キャリア相談を担当する場合、社外の専門家を招聘して活用します。そのメリットは、組織外から客観的なキャリア支援を行うことが可能になります。また、外部の労働市場に関連したキャリア相談に対応することもできます。

この2つが挙げられます。

②のデメリットは、担当する企業の組織風土、人事制度、慣例などに関する詳しい知識や組織内の多様な部門やその業務内容に関する背景、職場環境の理解などに疎いことが問題になることが多いようです。

この点は、相談に来た社員にとって不満が生じやすくなる要因です。たとえば「このキャリアカウンセラーは社内のことを詳しく知らない人だ」という印象を与えてしまう場合です。外部から相談担当のキャリアカウンセラーを招聘するようなケースは、事前に組織に関するオリエンテーションをきめ細かく行います。

その場合には、会社の歴史、財務状況、社内にはどのような部門があり(地方、海外も含む)、そこではどのような業務が行われているのか、人事制度に関する詳しい資料、教育・研修に関する資料、グローバル企業の場合には、海外の事業所に関する情報、最近の社員の採用や離職のデータなどを、できる限り事前に理解しておくことが必要です。

特にこれまで社員の「キャリア自律」に関してどのような取り組みを実施してきたのかを理解することが必要です。組織特性を深く理解したうえで社員のキャリア相談を担当していただくことが欠かせません。

(3) 担当者にふさわしい人

キャリア相談を担当する人を社内における人材の中から人選する場合は、特に慎重に行う必要があります。その担当者がキャリアコンサルタントの国家資格者であることはもちろんですが、実は資格を取得しているだけでは不十分です。

担当者の基本条件は、社内で多様な部署の経験が長く豊富であることや管理職の経験者、社内の人たちから信頼される真摯で温かく受容的な人柄であることなどです。「あの人が相談にのってくれるなら安心して出かけてみよう」と社員が思えることを大切にします。

その他にも、相談者側がキャリア相談をする担当者を選べるケースもあります。たとえば、「キャリア相談室」の社内ホームページに、相談担当者に関する情報を掲載し、社員が相談にのってほしい人を指名して選択できるようなしくみが該当《がいとう》します。相談担当者のこれまでの「ワーク・キャリア」と「ライフ・キャリア」（特に育児と仕事の両立、介護と仕事の両立、病気の治療との両立など）をホームページにできるだけ開示し、相談者にわかりやすくオープンに示すといいでしょう。

こうすることで、社員が相談したいテーマや抱える問題にマッチした相談担当者を自分の意思で選択できるようになります。特に、社員の相談ニーズに適切に応じられる男性と女性、両方の担当者を相談室に準備することは欠かせません。

キャリアの相談内容で女性の場合には、特に女性に特有の悩みや問題を抱えていることがあります。たとえば、妊活と仕事、妊娠中の体調（つわり）と仕事、出産・育児と仕事の両立、老親の介護と仕事の両立などです。男性のカウンセラーにとってこうした事例は、対応がむずかしい場合があります。できたら女性のカウンセラーが担当するほうが、きめ細かい支援が可能になると思われます。

また、企業によっては部門ごとに専門性が大きく異なる（特に理系の技術者など）場合、その専門性に特化したキャリア形成支援を行うために、分野別に専門性が高く、特にその分野のキャリアを社内で長い間ずっと継続してきた人をキャリアカウンセラーとして育成・配置することがあります。1人ひとりの技術的な専門性、今後のキャリアパス、将来の専門的キャリア形成のための支援を行う態勢を備えているのです。

たとえば、あるPC機械メーカーでは、機械の製造（ハード）、ソフトウェアの製造（ソフト）などの分野ごとに、これまでその分野で長くキャリアを積んできた専門性の高いキャリアカウンセラーを養成し、特化した専門キャリアを支援する役割を果たしています。たとえ人事の人が勉強してキャリアカウンセラーの資格を取得したとしても、高度な専門分野のキャリア支援を行うことはなかなかむずかしいのが実情でしょう。専門的知識やスキルに裏づけられたキャリア相談を行える必要があります。

4 キャリアカウンセラーによる支援に取り組む

❖キャリア支援の主な内容と役割

キャリア相談の内容は多岐にわたりますが、主な相談内容を大きく分類すると以下のようになります。それぞれのキャリア相談の11事例と紐づけてみました。複数の項目に当てはまる場合もありますが、あくまでも代表的な項目と照らし合わせています。さらに、具体的なその支援方法の概要は第2章を参照してください。

①現在の担当業務——処理できない、適性がない、意欲を持てない、成果が出ない、希望した部門・担当と違う、やりがいがない、おもしろくない。➡ケース1、2

②リーダー、管理職の役割——うまくリーダーシップがとれない、マネジメントがうまくいかない、部下育成ができない、成果が上げられない。➡ケース7

③評価——評価が納得いかず不満、期待した評価を得られない、評価されず昇格できない、いつまでも管理職になれない。➡ケース10

④人間関係――上司、先輩、後輩、部下とうまくいかない。コミュニケーションがとれない、言うべきことが言えない。➡ケース6、7

⑤仕事と家庭の両立――仕事と家事・育児の両立、仕事と介護の両立、持病の治療と両立。➡ケース4、5、6

⑥これからの方向性――将来、何をしたいのか、今後何をしたらいいのかわからない。➡ケース2、6、9、10

⑦具体的な準備、行動――将来やりたいことをするための準備、やるべきことは何か。➡ケース1、3

⑧異動、社内公募――異動したい、社内公募に応募するか、希望したもののうまくいかない、次回への課題は何か、やるべきことは何か。➡ケース3

⑨その他――副業、資格取得、海外勤務希望、業務過多、メンタル不調。➡ケース10、11

❖相談者への相談担当者の対応とその流れ

社内でのキャリア相談の標準的なプロセスは、次のようになります。

①相談者は、キャリア相談の社内サイトからメール（または電話）でホームページのキャ

リア相談の申し込み欄に記入して申し込む。

②相談者は、相談の申し込み欄に必要事項（希望する日時など）と、「相談したい内容の概要」を簡単に記入する。

③相談担当者が複数いる場合には、相談内容にあった最もふさわしい担当者を割り当てる（例：相談者が育児経験のある女性担当者を希望する場合には、該当する女性カウンセラーを担当者とする）。また、クライエントがホームページを参照し、自らが相談担当者を指名選択できるようにもする。

④相談形態としては、対面、ネットによるオンライン、電話など、希望の相談方法を選択してもらい、希望に合わせた方法で相談を行う。相談日時を決定したら相談担当者は相談者に連絡をする。

⑥相談時間は通常50分程度だが、所要時間はケースバイケースにする。

⑦相談担当者は必要に応じ、次回の相談予約、次回までの課題（例：次回までに家族ともよく相談するように促す）を出す。

⑧相談回数はその内容により、1回限りまたは数回継続する場合もある。

⑨相談終了後には、相談担当者は忘れないうちに早めに相談記録に必要事項を記入する。

⑩相談者のカウンセリングした「評価アンケート」はありのまま記してもらう。相談担当

者の「振り返り」に活用する。

⑪相談内容には守秘義務がある。キャリア相談担当者以外は読むことができないように「パスワード」などを設定しておく。

⑫相談担当者は、ケース・マネジメントを行う担当責任者を決めておく（複数の相談担当者がいる場合には、相談の担当数の偏りなどが生じないように割り振る。運営マネジメントや相談内容に困難を生じたときは、指導などを担当する場合もある）。

⑬相談担当者は、相談者個人が特定されないように工夫し、相談件数、相談テーマの分類など統計をとる。個々の社員のキャリア相談から見えてくる多様な課題の整理も行い、人事や経営層に相談者が特定されない形でキャリア相談報告書をあげる。相談担当者として組織に対するコンサルテーションを行うことも大切な役割になる。

(1)他部署との連携をとる

相談内容によっては、他部署との連携が必要になります。また、相談者本人が他部署（人事部、メンタルヘルス、ハラスメント相談の担当部署など）や現場の上司などとの連携を希望する場合は、どのような連携を希望し、どのような目的で連携による効果を求めているのか、事前に確認をしたうえで関係部署と情報を共有しながら密な連携をとります。連携結果を可能な限り、相談者に報告します。

相談内容についての守秘義務は、当然ありますが、相談者に「自傷他害」の疑いなどが強く懸念される場合には、本人の了解を得ずとも早急に関係部署と連携をとることの判断が求められます。

(2)「共感と同調」をはき違えない

相談に来るクライエントには、その訴えの中で会社や上司、人事部に対する批判、悪口を述べるケースもあります。初心者のカウンセラーの中には、「共感と同調」とをはき違え、共感しているつもりが、相談者の尻馬に乗り、相談者と一緒になって会社や上司の悪口や批判を行ってしまうこともあります。

相談者からの一方的な話を聴いただけで、相談者に対して共感しているつもりが「それはひどい上司ですね、あなたは被害者で可哀想です」などと同調していることがあります。こうした場合、カウンセリングのあとにクライエントが職場に戻り、上司に対し「キャリア相談室のカウンセラーは、あなたをひどい上司だと言っていましたよ」などと告げるような危険性もあります。

こうしたケースでは、相談者の話を一方的に受け取らず（たとえば、「上司から〇〇と、ひどいことを言われたんですね」と事実にもとづいて聴く）、上司や会社批判、悪口は決して同調しないことが肝心でしょう。

⑶相談終了後の効果を高める

キャリアカウンセリングを受けたあとに相談者が、

①ありのままをじっくり傾聴し、受容・共感してもらい、安心感を得て気持ちの落ち着きを取り戻せた。
②悩み・不安・葛藤をすべて話した（話す＝放つ）ことにより気分が楽になりスッキリして気持ちが軽くなった。
③自信を喪失し落ち込んでいたが、自信を取り戻すことができた。
④やる気・意欲が強化され、前向きになれた。
⑤漠然としていた課題が整理、見える化でき、自己理解を深化できた。
⑥今後のキャリアの方向性、やりたいことが明確化された。
⑦やるべきことが整理され、行動計画とともに行動に移す具体的な見通しがついた。
⑧変えられるものへの努力と変えられないものを区別し、割り切れるようになった。

⑨捉え方を多様化し変容することにより、自分の気分や感情を改善することができた。

など、効果が得られるといいでしょう。

5 社内キャリアカウンセラーを育成する

❖カウンセリング初任者を育てる

前述の「キャリア相談の担当者」で説明したような専門的な資格保有者であれば、社内キャリアカウンセラーの入口段階として求められる基礎的な理論や知識、スキルについては習得していますが、いかに実践できるかが重要です。資格取得時の実技試験向けのロールプレイ練習だけでは、実際の40～50分のキャリアカウンセリングをクロージングに結びつけることはむずかしいこともあり、継続的な指導が必要となります。

キャリア相談室に、指導的立場の熟練キャリアカウンセラーがいない場合は、外部のキャリアカウンセラー（スーパーバイザー）などの協力を得ながら、初任者の育成を図ることが求められます。育成の方法・手段としては、次のようなものが考えられます。

①過去のキャリア相談記録を読み、どのような相談（主訴）が多いのか、相談担当者の見立てはどうか、どのように対応したのか、どのような人事制度の知識が必要なのかなどを理解する。

②経験の長い熟達者が行うキャリア相談室の実際の事例に基づいたロールプレイを行う。熟達者が初任者のカウンセリングに同席し、事後的にフィードバック・指導を行う。

③相談担当者が作成した相談記録に基づき、熟達者と振り返りを行い、良かった点や改善点などを検討する。

④自分のカウンセリングへの疑問や不安を、気軽に熟達者に相談できる「場」を設ける。

⑤録音したカウンセリング内容を文書化（逐語録作成）し、熟達者と検討する。

⑴ 相談記録を使い、キャリアカウンセリングを振り返る

相談記録（面接記録）を作成します。その理由として、心理学者の國分康孝氏は著書『カウンセリングの技法』で、次のように整理しています。

①記録を作成することで、終わったカウンセリングをもう一度頭の中に復元する過程で、カウンセリング中に気づかなかったこと、聴き落としたこと、つっこみの足りなかった箇所、フィードバックに不明瞭なところに気づくことができる。自己スーパービジョンとも言うべき体験ができる。

②次回のカウンセリングにおいて、前回の記録に目を通すことで、つながりがつかめる。

複数のキャリアカウンセラーを抱えるキャリア相談室では、他のカウンセラーが対応したクライエントを引き継ぐこともあり、相談記録に書かれた観点がとても重要となります。記録の内容としては、

- 相談者の属性。
- 主訴（どのような問題を抱えて来談したのか）。
- 相談内容の要約（クライエントの態度・特徴・非言語的表現などを含めて観察した内容を簡潔に記述）。
- 見立てと対応（助言、リファーを含みどのような対応をしたか）。

・カウンセラーの所感。

などが考えられます。守秘義務の観点から、紙であれ、電子媒体であれ、記録の保管は厳格にする必要があることは、言うまでもありません。

⑵自身がスーパービジョンを受ける

初任者・熟達者いずれの場合においても、スーパーバイザー（指導者、スーパービジョンをする人）による定期的なスーパービジョン（共通の専門性や役割を持つ上級者が行う指導・教育）を受けることが必要です。残念ながら、スーパーバイザーがいない、あるいは定期的なスーパービジョンを実施していないキャリア相談室が多いのも事実です。

独立行政法人労働政策研究・研修機構による2023年6月の「第2回キャリアコンサルタント登録者の活動状況等に関する調査」によれば、「キャリアコンサルタントとしての自身の能力の維持・向上のために実施していること」について、「キャリアコンサルティングに関するスーパーバイザーによる助言・指導を受ける」と回答した人は、13・3％にしかすぎません。スーパービジョンの目的は、

・スーパーバイジー（スーパービジョンを受ける人、この場合はキャリアカウンセラー）の専門職としての役割を学ぶこと。
・スーパーバイジーのケース理解能力を向上させること。
・スーパーバイジーの面接スキルを向上させること。
・スーパーバイジーの自己理解能力を向上させること。

です。スーパーバイザーの指導により定期的な教育・指導を受ける方法としては、

・スーパーバイジーが作成した「事例記録」「逐語録」に基づき、スーパーバイジーのキャリアカウンセリング上の課題・改善したい点などの教育・指導を受ける。
・キャリア理論やカウンセリングの進め方の説明や実際のデモンストレーション行う。
・メンタルヘルスや発達障害が絡む相談の進め方についての指導など、スーパーバイジーの成長度合いに応じた指導・教育を行う。

などがあります。
スーパービジョンには、

①1対1でスーパービジョンを受ける。
②グループで複数のカウンセラーと一緒にスーパービジョンを受ける。

の2通りのやり方があります。グループで受ける場合には、メリットが多数あります。たとえば、メンバーとして大学生へのキャリア支援担当者、産業場面でのキャリア支援担当者、需給調整機関でのキャリア支援者などが集まり、いろいろ異なる事例を持ち寄り、交代で事例を発表し、スーパービジョンを受けます。

グループ内で多様な事例を通した学びは、グループで行うことのメリットです。スーパービジョンにかかる費用を複数のメンバーで分担し合うので、安価であるというメリットもあります。また、グループ内でのネットワークづくり、情報交換の場としてもいいでしょう。このように「1対1でのスーパービジョンは、少し敷居が高い」と感じている場合でも、グループで受けるとよいでしょう。

それでは、実際にスーパービジョンを受けるには、あるいは、スーパーバイザーを探すにはどうしたらいいでしょうか。実際に豊富な指導経験を持つスーパーバイザーを探すことはむずかしい面もあります。たとえば、日本キャリア・カウンセリング学会のホームページには、スーパーバイザー認定資格者の一覧と問い合わせ先が掲載されていますので、参考になるでしょう。

また、キャリアコンサルタント養成機関には、スーパーバイザー育成プログラムや各団体が認定したスーパーバイザーもいますし、指導者レベルの資格としてキャリアコンサルティング技能士1級資格保有者は、キャリアコンサルタント検索システムである「キャリコンサーチ」を利用して探すことが可能です。

(3)評価アンケートの利用でカウンセラーの成長を促す

キャリアカウンセリング実施後に、カウンセリングを受けた結果どうだったか、カウンセラーの対応はどうかなどを尋ねる「評価アンケート」を提出してもらい、カウンセラーとしての成長につなげることも有意義です。「カウンセリングを受けた結果」については、

- 自分の抱える問題を整理できたかどうか。
- 自分自身や問題・状況を客観的に捉えることができたかどうか。
- 自分の改善点や今後やるべきことが整理され明確化されたかどうか、今後の自分のキャリアの目標・方向性が明確になったかどうか。

などの点をクライエントに評価・意見を尋ねます。評価アンケートを実施する場合は、アンケート結果に一喜一憂することなく、客観的に自分のカウンセリングを振り返り、質の高いキャリアカウンセラーとなることを目的に使用すべきでしょう。

第6章

部下のキャリアを育てる上司の役割

「聴く力」と「面談の進め方」を学ぶ

人材育成は、組織の発展にとって欠かせない大切な課題です。そのため社員を「経営資本」(働く人たちに備わるスキル、ノウハウ、知識)として捉え、その価値を最大限に引き出すことにより中長期的な企業価値向上につなげる経営の重要性が求められています。

そのきっかけは、2020年にアメリカで上場企業に対して、「人的資本の情報開示」が義務づけられ、2023年からは日本でも上場企業などを対象に、情報開示が義務づけられたこともあります。そんな背景から「人的資本経営」が、改めて注目されています。

つまり、人的資本では、人材をある程度コストや時間をかけ、中長期的に育てていくものと捉えています。人を育てるためには、採用した人材の定着をいかに図り、配属先の職場において、上司が部下1人ひとりの適性と能力を見極め、ふさわしい業務、役割・責任を持ち、動機づけ、人材を育成するのかが大切な役割となっています。

ところが実際の現場では、上司は管理職として多くの業務をこなす必要があるうえ、チームとして期待され目標を達成することも同時に求められています。日々多忙な管理職として、部下やメンバーとの対話を通して、自律的キャリア形成に対する意識をそれぞれに強く持たせ、いかに組織の大切な「資本」として育成していくかに関しては、多様な悩みが多いのが実際ではないでしょうか。

人材育成は日ごろの面談を深い対話とコミュニケーションの機会とし、部下のキャリアを育てる場にすることも必要です。上司との対話を通して部下1人ひとりが「自らを語る」過程の中で、今後の「ありたい自分、なりたい自分、やりたいこと、実現したいこと」をありのまま言語化し、上司に伝えることを通して自分自身のことに気づき、明確化することが「キャリア自律」の要になります。

そのためには今から何を準備するか、やるべきことは具体的に何かを明確化し、必要に応じて的確なフィードバック、助言・指導を行い、部下・社員の意欲やる気を育てることは上司・組織の大切な役割です。そこで、ここでは「対話とは何か」から紐解いていくことにします。

1 対話による人材育成とキャリア支援を進める

職場でコミュニケーションを通して、お互いに信頼関係を構築し、対話による意思疎通を図り、目標に向かい協働しあう職場づくりは人材育成の基盤となる環境条件です。しかし、今日デジタル化の進展に伴い、職場ではオンラインによるコミュニケーションが常態化し、フリーアドレスなど自由に移動しながら働くことも可能となり、顔を合わせた対面で話をする機会は減少してきました。

❖上司と部下の面談

特に感染症の流行以来、テレワークによる働き方も日常化し、職場のコミュニケーションのあり方は大きく変化しました。そこで、対話としての「上司と部下の面談」を取り上げ、部下の今後のキャリアを育てるためには、「相互の対話」がいかに大切な意味を持つかについて考えていきましょう。

(1)上司と部下のキャリア面談は「事前準備」がポイント

第一に問われるのは、上司は日ごろから努めて部下と「心の通う対話を行っているか」です。上司は、部下育成が何よりも大切な役割・責任であると、どれくらい強く認識しているでしょうか。人事のしくみとして面談の形は整っていても、そこで「血の通った面談」が行われていなければ部下の人材育成、キャリア自律の支援の役割を果たすことはできません。

通常面談は年に数回ありますが、「1 on 1」では信頼関係に基づいた話し合いが行われ、部下は安心して心を開き、上司に話をありのまま「聴いてもらえる」面談になっているのか、そこが肝心です。

面談の質は「相互の関係性の質」に大きく規定されます。部下に積極的な関心を持ち、日ごろからコミュニケーションを大切にし、お互いが何でも安心して話せる関係性が築かれているのか、「心理的安全性」（安全感）は担保されているかなど、前提条件が面談には必須です。

ただ、マネジメント側の業務は多岐にわたります。仕事量も多いため短い面談の場で「少しでも深く相手の現状や思いを知る」ことができるようにするには、事前準備は欠かせません。では、面談とはどういう場なのでしょうか。皆さんと上司と部下の面談の意味を考えてみましょう。

①面談は1対1で向き合いじっくり話し合う対話の場である。

②面談の場は「互聴」し合い（お互いに関心を持ち、心を傾けて、話に傾聴する）、相互理解とゆるぎない信頼関係を形成する場である。

③上司は部下に効果的質問を投げかけ、部下に仕事との向き合い方、今後のキャリアの方向性、希望について語ってもらう場である。また、自らの内省を通して「気づき」を促し、部下の主体的変化を生み出す場でもある。

④部下を動機づけ、意欲・やる気を喚起し、部下のさらなる成長を具体的に図る場である。

⑤部下自身のキャリアについて主体的に考えてもらい、キャリア目標を実現するための課題、やるべきことは何かを整理する。そのうえで必要なフィードバックを上司からも行い、部下の背中を押し励まし部下の積極的な「キャリア自律行動」を促す場である。

単に人事が通達を発信して、社内に一斉に声をかけ「キャリア自律」を社員に求めるだけではなく、職場で上司が部下と対峙し対話を深めることにより、人材育成と「キャリア自律」への動機づけが行われなければなりません。

そのためにも上司は面談前に1人ひとりの強みや長所を整理しておきます。同時に改善するとさらに成長するだろう点、上司として期待すること望むこと、気になることもまとめておきます。そして企業の目指す方向性や部署の目標を部下がどれぐらい理解し、行動しているのかなどもメモし、事前準備をしておくことが必要です。

(2)面談では「部下が主役」だと心得る

面談では常に「部下が主役」です。まず上司は何よりも良き「聴き手」に徹します。つまり、面談は部下のためにあり、部下が日ごろから「考えていること、望んでいること」などを上司に率直に話す場です。上司は、「自分が部下に何を話すか」より「部下は何を考え、自分に何をわかってほしいのか、何をどのように捉えているのか（認知）」を理解するために傾聴に徹します。

しかし、多くの上司は聴いているようで、実際には頭の中で「自分は何を話すか」「部下に何と言おうか」「どのような助言をするか」ばかりを考えていることが多いのではないでしょうか。残念ながら、これは対話とは言えません。

「人の話を聴かない」「聴こうともしない上司」は案外、多くいます。質が高く部下が納得するような「良質の面談や対話」を行っている上司はなかなか少ないようです。一方的に上司が話し、部下は受け身で聴いているような面談がほとんどのようです。これでは部下の「キャリア自律」を育てることはできないでしょう。

(3)上司が傾聴で陥りやすい落とし穴を知る

話を聴くこと（傾聴する）は、決して簡単でやさしいことではなく、上司には「陥りがちな癖」が多々あります。

①部下から相談されると、すぐに役に立ちたくなる。
②部下の考えを最後まで聴かず、自分の考えやこれまでの経験をすぐに話したくなる。

③上司は一方的に話し、部下に指示・命令、助言・指導をし、自分の考えを押しつけて満足してしまう。部下に問いかけ、主体的に考えさせ、部下自身が内省し「心の中を言語化し、次第に自分に気づく」過程を大切にしない（部下自身が自律的に考え、問題解決する過程を待てない）。部下は自らを語る中で「そう話している自分」がいることに気づくようになる。こうした気づきにより、人は変わる。

④面談終了後、上司には満足感があるが、部下は話し足りない不満足感が残る（面談では、話す量や割合が多いほうが満足度は高い）。

⑤話の中での「事実や出来事」を取り上げ理解しようとするが、部下の「気持ちや感情」に触れ「共感的理解」を示さない。気持ちや感情には関心が薄い傾向がある。

形式としては「1 on 1」面談でも同様で、これでは相互理解、意志疎通を図るための質の高い対話にはなりません。部下に「キャリア・オーナーシップ」意識やその自覚を持ってもらうためには、質が高く内容の濃い対話による面談、部下自身が語りを通してキャリアに関する「気づき」が得られることが欠かせません。キャリア・オーナーシップは部下自身が「キャリア形成の当事者」となり、主体的・能動的に、これからどう働きどう生きていくのかを自律的に考え、選択し決定することが大切だからです。

2 人事・上司に求められる互聴力

❖人材育成のための対話力・傾聴力

「キャリア自律」「キャリア・オーナーシップ」意識を社員に確実に浸透させ、醸成するためには、単に人事から社員にメッセージを送るだけではなく、並行して職場の上司の「人材育成力」と「キャリア支援力」が大切な役割を果たします。中でも特に上司による「キャリア面談」の内容と質の向上を図ることは必須です。

最近、そこで課題になっているのは、上司は自身がキャリアを意識してこれまで働いてこなかったこと、キャリアは人事や上司が決めることだと捉えてきたため、キャリアを会社に預け働いてきたことです。そのため上司として部下のキャリアをどのように育てたらいいのか、どのような支援、助言指導が必要か、どのようにキャリア面談を行うのかもわからないケースが多いようです。

キャリア面談の仕方、部下への効果的な質問に関しては、「半構造化面接」（第3章）を参照して取り入れてみましょう。「過去、現在、未来」とキャリアを展開する質問を部下に投げかけ、自律的にキャリアを考えてもらう流れの質問になっています。

ここでは面談の肝である基本的「傾聴力」について取り上げ、整理をしてみます。なぜ、傾聴が必要なのか、その大切さは十分に承知されていることでしょうが、再度整理し、確認をします。傾聴に関して「知っていること」と「できること」には大きな乖離《かいり》があることに気づくかもしれません。ところで、なぜ部下のキャリアを支援するために、相手の話を聴くことが大切なのでしょうか。その理由を挙げると、

①聴くことは、部下に話す機会（チャンス）を与えることになる。上司が主導権を握り、話をしてしまっては、部下は自分の「考えや思いを整理してまとめ上司に伝えるチャンス」を失う。

②上司に傾聴してもらうことで、部下は自分の内面を探りながら（内省）話し、自らを客観的に整理し見直す機会となる。その結果、語りを通して自分自身に次第に気づき、具体的な今後のキャリアの方向性、やるべきこと、準備することが明確化され、主体的な行動に変わる。

自らが話すことは、「心の中を言葉にして表すことを通して自分に気づくこと」に必ずつな

がります。自身の「考えや思いを言葉で表現し、言語化して上司に伝える」ことにより、気づきが生まれます。たとえば、上司から「3年後にはどうありたいのか、何をしたいのか」と質問され、部下が「現在の担当エリアのリーダー（責任者）になりたいです」などと話す中で、「そう希望している自分の潜在意識」に気づいていきます。「では、そのために今から準備することは何ですか」と上司から重ねて問われ、部下は再び主体的に考えます。

こうした相互のキャッチボールとやり取りから、言語化することを通して部下は自己理解を次第に深めていきます。すなわち、「キャリア面談」「対話を通して人材育成をする」ためには、上司の対話力、傾聴力が大切な要因の1つとなります。

3 コップの理論をベースに面談を展開する

面談に役立つ「コップの理論」があります。6つのポイントを具体的に解説しましょう（図表6－1）。

①は、面談時の冒頭で、上司のコップには、水が満タンに入っている状態です。同時に部下のコップも水が満タン状態で向き合います。この満タン状態というのは「話したいこと、伝えたいこと、訊きたいこと、聴いてほしいこと」が心の中にいっぱいである状態を意味しています。

②は、この状態で上司は先に自分のコップの水を空にします。脇へいったん置いておき、自分が何を言うか、伝えるかよりも部下の話を傾聴することに徹します。

③は、これによって上司のコップは空の状態になるので、部下の話がありのまま上司の空のコップに注がれ、上司のコップに入っていきます（上司のコップが満タン状態では、部下の話は上司のコップには入れません）。

④は、上司のコップに部下の話が十分に入り（上司は部下の話を傾聴し部下を理解する）、部下のコップが空になります。部下は上司が途中で口を挟まず耳を傾け、話を最後まで「聴ききってくれた」ことに安心し、ホッとします。また、自分について十分に語る時間を与えられ、語りを通した自己理解も深まるでしょう。

⑤は、その後、上司は冒頭にいったん脇へ置いておき、自分のコップの中身を必要に応じて、空になった部下のコップに少しづつ流し入れます。すでに部下の話を十分に傾聴したので、部下への話も的を射たものになり、必要な助言・指導も的確なものになり

●図表6−1　コップの理論

①
部下
上司
部下
上司
② 上司はいったん
コップを空にする
部下
上司
部下
③
部下の話を聴く
部下がたくさん話す
上司は聴ききる
上司
部下
上司
④
部下のコップが空になる
部下
上司
⑤
上司はいったん脇へ
置いておいた水
を部下に注ぐ
⑥
上司と部下の相互理解
部下
上司
上司と部下のコップ
の水が入れ替わる

ます。

⑥こうした結果、部下が話したいことが上司に伝えられ、上司から部下に話したいことを伝えることができます。相互理解ができたうえで、その後、意見交換しながらお互いのニーズのすり合わせを丁寧に行うことになります。

それでは具体的にどのように「すり合わせる」のでしょうか。部下は「今後どうありたいのか、何をしたいのか、何を望んでいるのか」などキャリア形成において大切なこと（Will）を整理します。部下は欲求・希望を語りながら、自分のキャリアの方向性、希望を明確化し上司と共有します（コップ理論の③④のステージ）。

上司は「それはどうしてか、その目的は何か、その仕事を通してどのようなキャリアを今後形成したいと考えているのか、そのために今から準備することは何か」などを少しずつ質問して、本人に考えてもらうといいでしょう。現在の部門内に限定せず、全社的な視点から組織における大切な人材として部下を育成する視点を常に持ちます。部下の希望を活かすと同時に、組織側のニーズ（会社からの要望）も活かせるよう対話を通して相互のキャリアニーズの「すり合わせ」を上手に行うことが上司の役割です。

その場合、上司が勝手に組織のニーズを押しつけたり、自分の要求を突きつけ、押し切るようなことをしてはいけません。部下の希望も尊重し、最終的にお互いが納得のいく意見交換を通して部下のキャリア支援を行うことです（コップ理論の⑤のステージ）。

❖対話力・傾聴力を高めるのに役立つ「トレーニングプログラム」

対話力・傾聴力を高めるためには、実践（ロールプレイ）を踏まえたトレーニングが必要です。最近では1 on 1ミーティングの実践研修、複数回の個別指導を含めた傾聴力研修など、さまざまな対話力・傾聴力を高めるトレーニングプログラムがあります。

部下とのキャリアに向き合う「上司の対話力・傾聴力」の向上は、冒頭で触れたように、人的資本の重要性が企業の生産性向上と深く関連すると言われる中で、人事にとっても重要なテーマの1つです。

こうしたトレーニングを社内相談室のキャリアカウンセラーが企画・運営し、管理職向けのトレーニングを実施する企業もあります。そこでは上司が自分の価値観を優先して話をしないための考え方や注意点、上手な話の引き出し方などを学べる場として活用しています。

さらには、経営レベルでの対話力・傾聴力向上のためにワークショップを実施する企業、人事以外の部署・部門において対話力強化トレーニングに取り組み、社内の意識調査の数値改善に取り組むところなどもあります。

4 部下との効果的なキャリア面談の流れ

上司と部下との面談の前提条件としての「心理的安全性」担保については、「対話による人材育成」で説明した通りです。部下とのキャリア面談をどのように進めていくのか、具体的な流れをまとめていきましょう。

❖「キャリア面談の進め方」のポイント

(1)「目的の確認」「日ごろの仕事への取り組み」について労う

キャリア面談を行うには、「上司として当日に向けた準備」に取り組みます。たとえば、日ごろの部下の行動や頑張り、仕事への取り組み姿勢を振り返り、上司からみた部下の特徴や強みなどを再度意識しておきます。そのやり方としては、前回のキャリア自己申告シートを読み返しておくことが考えられます。企業の中には、キャリア面談にあたって研修動画などを準備しているところもあります。こうした事前準備をしたうえでキャリア面談に向き合うことは、何でも話せる場としての雰囲気、信頼関係をつくることが大前提となります。そのためにも面談をする上司としては、次の3つのポイントを心がけます。

①キャリア面談の時間は、部下のための時間であることを明確にする。

②将来像やなりたい自分を描くことが目的ではなく、対話を通じて一緒に考えることが大切であることを共有する。

③部下の日ごろの取り組みや頑張りを労い、感謝する（一般的な労いではなく、具体的な出来事や案件に対する労い）、育児や介護、治療と両立している部下などに対しては各人に応じた対応をする。

(2) 経験を通じたCan（強み・リソース）を明らかにする

部下の強みやリソースを引き出し、これからのキャリアについての考えをまとめていくうえで、次の5つの点を心がけて面談を進めます。

①上司となって日が浅く、初めて部下とキャリア面談を行うときなどは、「部下が自身のCanをどのように理解しているか」を把握する。この場合、半構造化面接の過去・現

在の質問を参考にしながら対話を進める。部署内で毎年実施しているキャリア面談であれば、前回の面談以降に焦点を当てながら進めてもいいが、ライフイベントなどの出来事で価値観は変化するので、「大切にしたいこと・価値観」は改めて言語化する。また、この1年でどのような経験をして、どのように成長したのか、どのような役割・責任と考えて日ごろの仕事に向き合ってきたのかを、言葉に表す。

②前回のキャリア面談で行動計画を立てている場合は、振り返りをする。「行動計画が達成できたのか、できなかったのか」よりも「行動への取り組みはどうだったのか、行動計画自体が適切なものであったのか」について問いかける。そこから気づきにつなげる。

③上司は、ただ単に質問をして聴いていればいいわけではなく、しっかりと受け止める。さらに、部下が自分の強みや価値観などのキーワードを言葉に出したならば、上司はそのキーワードを伝え返す。部下は、上司の伝え返しを聞いて、「自分はこんな強みを持っていた」「このような価値観を持っていた」、と改めて認識することにつながる。

④日ごろの部下の行動を見ている上司は、部下の良い点、強みを把握する。周囲からは強みと思われることが、当人からすると当たり前のことと捉えており、強みと認識していないケースもある。周囲の目線での強みのフィードバックは重要で、部下の動機

づけ、「自分ならうまくできるだろう」といった自己効力感を上げるためにも、上司はフィードバックをする心がまえで臨む。キャリア面談の場だけにとどまらず、日ごろ気づいたときに、フィードバックを心がける。

⑤ひと通り、過去・現在の振り返りが終わった段階で、「改めて気づいたことはどのようなことですか」と、質問を投げかける。自分の思いの丈を話すことができた部下は、その問いかけにより、さらに内省する。自己理解がさらに深まる。

面談を進めるうえで大事なことは、アンコンシャスバイアス（無意識の偏見、無意識の思い込み）」、上司自身の価値観や判断にとらわれないことでしょう。何に悩んでいるのか、どのようになりたいと思っているのかなど、相手（部下）をわかろうとすることです。

(3) 将来について一緒に考える

自身でキャリアを考えることが、「自律的なキャリア形成」につながります。しかし、上司は「自分でキャリアを考えるのだから、部下任せにしていい」ということでは決してありません。部下のキャリアに寄り添い、考えをまとめるサポートをする上司の役割は重要です。

さて、「これからを一緒に考える」とは、どのようなことでしょうか。

①部下は新しい仕事、違った仕事、より上位の職階を目指すとは限りません。そのため どのように仕事をしていたいのか、どのように生きていきたいのか、ライフ面・仕事面も合わせて将来をイメージします。

上司である自分と異なる考えを示された場合などは、頭から否定するのではなく、いったんは受け止めることが重要です。素直な思いを打ち明けてくれた部下に感謝し、部下の考えも踏まえながら面談を進めていきます。部下の言うこと、望みのすべてをきくわけではないことにも注意しましょう。

②無理やり将来像を描く必要はないものの、なかなかイメージできない場合は、「仮に」と前置きをして、「どんなことが浮かぶのか」部下に描いてもらいましょう。そのときに、「将来像は変更可能なんですよ。一度描いたから変更がきかない、ということはありません」と、こちらの問いかけの意図を伝えます。「長いキャリアを進むにあたって、羅針盤（コンパス）があったほうが、進むべき道がわかりやすい」と将来像を仮置きするメリットを伝えるといいでしょう。

③将来像を過去・現在の振り返りで言語化した、部下の価値観に照らし合わせる。重なる部分はあるでしょうが、価値観が重なる仕事は、本人にとってもやりがいになります。

また、同じ仕事でも、考え方、捉え方次第で、新たな価値観につながります。部下と一緒に、価値観の観点から将来像を考えてみるとよいでしょう。

(4) 行動計画をたて、動機づける

①将来像が描けたら（仮の将来像でもいい）、行動計画をたてます。将来像を実現するためには、どのように進めていけばいいのかを考えます。その際に将来像と比べると、どのような経験、力、スキルが不足しているのか。不足している部分を補うために、強みをどのようにして伸ばしていくのか、苦手なことをどうするのか、自己研鑽はどうするのかを考えます。

②行動計画を立てます。行動に移す際には、動機づけが重要です。心理学者であるデシとライアンが提唱した動機づけに関する理論である自己決定理論（Self Determination Theory: SDT）では、「行動を起こすこと」「行動を維持すること」「パフォーマンスの質」が大切だと説明しています。

動機づけがより自己決定的で自律的なものになることを「動機の内在化」と呼び、「関係性の欲求充足（相手から認めてもらえている）」「自律性の欲求充足（自分の裁量で決めることが

できる）」「有能性の欲求充足（十分できる）」の3点が重要と説明しています。行動計画を立てる際は、あまりにも高い目標ではなく、ある程度頑張ればできる小さな目標を自分で決めます。上司はその達成を承認するサイクルを回していくといいでしょう。

5 中途採用者の人材育成を進める

新卒で入社した社員中心で構成され、中途で入社した社員が占める割合がとても少ない企業もあります。かつては退職者の補充を新卒社員の採用で対応してきましたが、現在のような少子高齢化、人手不足時代では、それもむずかしい状況です。

実際に日経新聞社が実施した２０２５年度の採用状況調査では、新卒者採用計画の度合いは過去2番目に低い状況です。結果として、企業は中途採用を増やすこととなり、採用全体に占める中途の割合は初めて50％を超える状況になっています。また、専門的・先端的なスキルを持つ人材を社内で育成するよりも、すでにスキルを持っている人材を採用することは、自然の流れでしょう。

中途入社社員と言っても、「第2新卒」のような20代半ばの人もいますし、あるいは専門性を評価されて「即戦力」として期待が高い社員もいます。また、パートタイム社員から正社員になった（正社員としての雇用に変わった）社員など、さまざまです。最近では、退職者の同窓会（アルムナイ）を組成して、自社に戻ってきてもらう動きをする会社も見られます。

上司としては、このような社員とキャリア面談を実施する場合、どのような点に気をつけるのか、また、人事としては、せっかく採用したにもかかわらず、短期間で離職してしまうケースを防ぐために、どのようなしくみを設けるのがいいでしょうか。まずは上司として、キャリア面談の際に意識することを見ていきましょう。キャリア面談の流れはこれまで話してきたことと同じですが、次のような質問を投げかけることで、部下の考えや状況をより深く理解でき、部下自身も内省が進むでしょう。

❖中途採用者の「面談」と「研修」

(1) 定着状況を確認し、将来像を言葉にする

・今の仕事は、入社前（転職前）に思い描いていた内容と比べてどうか（同じなのか、違っ

ているのか、日々の仕事で障害になっているものがあればどのようなものか）。
・今の仕事は経験がどのように活かされているのか、あるいは今後、どのように活かしたいと思っているのか、周囲のメンバー（同僚）と比べたときの強みや課題はどのようなものか。
・中長期的なキャリアを考えた場合、今回の転職は（今の仕事での経験は）、どのように位置づけることができるか。
・中途入社した会社で、３年後、５年後は、どのようになりたい、どのような仕事をしていたいのか。

次に、人事として検討が望まれるしくみです。説明しているしくみは、代表的な例です。実際は中途入社者の配属先が、今までどの程度、中途入社の社員を受け入れた経験があるかを踏まえて、具体的な対応を考えることが必要です。

⑵ 新しい環境にとけこむしくみ

・オン・ボーディング研修と言われるものです。新卒入社時研修では、ビジネスマナーやコミュニケーション能力などの社会人としての基本習得を目的として人事が中心に、実施するケースが多くあります。しかし、中途入社の社員向けは、受け入れ先やその関連部署など、より実務に役に立つプログラム内容となる傾向があります。

・受け入れ部署の上司などに対する研修・説明会――中途入社の社員を受け入れる際の留意点などを説明する場となります。今までの中途入社社員がどのようなことで困っているのか、どのようなサポートがあると順調に会社・仕事に慣れていくのかなどの情報共有をします。

・入社後の継続的なフォロー面談やメンターの指名――新しい組織、慣れない環境では1対1のコミュニケーションが重要になります。面談者は、所属先の管理者や人事担当者、社内のキャリアカウンセラーなどが担当するケースがあります。小さなことでも気兼ねなく質問ができたり、助言を求めることができるメンター制度を導入する場合もあるでしょう。

・社内ネットワークづくりのサポート――入社時期が近い中途採用者向けの社内ネットワークづくりのサポートに限らず、社員間のネットワークづくりは、企業全体として重要です。SNSの利用、オンラインでの対話機会の設置、自社に合わせたさまざまな方法が考えられます。

6 「キャリア自律」を進める人事のしくみ

ここまで上司の立場から部下を育てる話をまとめてきました。一方で、部下（社員）のキャリアの自律的形成を進めるには、上司だけではなく、組織として対応も必要です。ここでは組織としての対応について、

①社員本人の希望を重視した「チャレンジするしくみ」
②社内の部署や仕事内容について「知るしくみ」

❖チャレンジするしくみ

この2つに分けて説明をしていきます。まずは、「チャレンジするしくみ」から見ていきましょう。

経団連が２０２０年1月に公表した「人材育成に関するアンケート調査結果」では、「社員本人の意向を重視する施策（複数回答）」として、「社内公募制度」「海外・国内留学制度」

「海外赴任制度」「他企業や自治体等への出向制度」の順に導入している企業の割合が多くなっています。「その他」では、「自己申告制度」「面談時の意向確認」を挙げる企業が多く、「フリーエージェント（FA）制度」「社内インターンシップ制度」「社内兼業・副業制度」は導入割合が低い状況です。

ここでは、自己申告制度、社内公募制度、社内FA制度、副業や社内兼業などの概要をまとめていきましょう。

(1) 「キャリアの希望を意思表示できる」自己申告制度

自らのキャリアの希望、経験したい業務などを、会社に直接述べることができる制度です。企業によりキャリアシート（自己申告シート）はさまざまですが、自分の経験の振り返り、強み・スキル・能力・価値観・希望する働き方も含めて整理する様式となっている場合もあります。

この自己申告シートを利用しながら、上司や人事との「キャリア面談」を行うこともあります。このシートの利点は、自身が組織に対してキャリアを含めた興味や関心の変化を伝えることや、家庭環境の変化に伴う働き方の希望を伝える機能があるとされています。

自己申告制度で大切な点は、1人ひとりが自分のキャリアに向き合うプロセスであること、それを上司や人事と共有することでフィードバックをもらうことです。このときにシートの作成が形骸化しないように努めます。前年のシートに書かれていることを丸写しすることではなく、毎回のシート作成やキャリア面談で、きちんと自分のキャリアに向き合う。同様に、上司も部下のキャリアに向き合うことです。

すでに述べた「キャリア面談」で、留意点を意識してフィードバックを行っておけば、上司・人事と部下・社員とのコミュニケーションの円滑化を進め、満足・組織への従業員エンゲージメントを高める効果が期待できます。

(2)「希望部署に社員が手を挙げる」社内公募制度

公募対象の部署や職務に対して、社員自身が自ら選んで応募し、募集部署が選抜することで異動を行う制度です。自らキャリアを考え、自分の意思で選択した自己決定感が仕事へのやりがいにつながり、モチベーション向上が期待できます。また、公募先の業務に必要なスキル・資格を前もって自主的に学ぶ意欲も膨らみます。

さらに、公募の選抜では希望が叶わなかったが、その仕事を行いたい明確な意思表示につながることから、応募先部署で欠員が発生した場合などは通常の人事異動で希望部署に移るケースもあるでしょう。

一方で、所属部署からの転出希望は、直属の上司の立場からすれば、自分の部署を離れようとすることであり、ポジティブに捉えられない場合もあります。この点で、社内公募の申込者への組織としての対応や積極的なキャリア形成を推奨する風土づくりが重要です。

経営陣としては、人材育成が会社の経営の根幹に関わることであるとのメッセージを繰返し社内に向けて発信し、人事としては、上司向け研修などの場を活用するなどして、部下キャリア形成に対する意識を高めていくことが重要となります。組織側としても、社内公募制度の運用により、従業員の学習環境を整備し、前向きなキャリア構築推進が助長されることが期待できます。

大手企業であれば、数多くの職務・ポストが社内公募の対象となりますが、「自分がやりたい仕事はどの部署なのか」などが、応募を考えている社員にとってはわかりづらいことも考えられます。このような社員に対しては、募集部署によるオンラインでの説明会の開催、社内掲示板・社内サイト上で部署照会・動画掲載など、積極的に部署情報を発信するしくみを整えている企業もあります。また、希望部署で働いている社員と直接コンタクトができるように、社内サイトで自身の歩んできたキャリアを公開したりするなどのしくみを導入して、希望先の仕事や雰囲気の理解を進めている企業もあります。

公募に挑戦するまでのしくみの整備は大切ですが、社内公募への応募者がすべて希望通りになるとは限りません。希望が通らなかった社員に対するフォローも考えておきます。そこで、社内公募制度のしくみに選抜されなかった応募者に対しては、結果だけではなく、何が課題であったのか、何が不足していたのか、どのような点は良かったのかなどの丁寧なフィードバックを実施して、応募者のモチベーションを維持させながら、さらなる成長につなげることも必要です。

公募時期には、応募しようかどうしようか迷っている社員などから、社内キャリア相談の申込が増える可能性があります。応募についての考えをまとめる支援や、公募先の業務内容についても情報を入手しておき、クライアントに向き合うことが求められます。

⑶「高評価の社員が付与される」FA制度

仕事を通じて高評価を獲得した社員に対して、プロ野球のようにフリーエージェント（FA）権が与えられる制度です。寄せられたポストや職種へのオファーに対して、FA権を行使することによって新しい職場への異動が可能となります。

企業によっては、希望部署に自らを売り込み、希望する職種や職務を登録する流れもあります。「社内FA権」を取得しても、それを行使せずに自部署にとどまることも可能です。ソニーグループの採用ページでは制度開始以来、FA権を付与された人数の記載もあります。

(4)「本業以外の仕事をする」副業や兼業制度

副業と兼業は、「本業以外の仕事をする」ことの意味では同じであり、法律上では特に違いはありません。厚生労働省のガイドライン(2022年6月改定)においても、「副業・兼業」となっています。

副業と兼業の一般的な違いは、本業以外の仕事(副業・兼業)に要する時間や労力、収入などと言われます。副業は休日や余暇の時間に行うもの、本業と並行して掛け持ちしているものを兼業と呼ぶ場合があります。

副業・兼業は、企業に雇用される形で行うもの(正社員、パート・アルバイトなど)、自ら起業して事業主として行うもの、コンサルタントのように請負や委任といった形で行うものなど、さまざまな形態があります。厚生労働省のガイドラインでは、

裁判例を踏まえれば、原則、副業・兼業を認める方向とすることが適当」「副業・兼業が自社での業務に支障をもたらすものかどうか」を今一度精査したうえで、そのような事情がなければ、労働時間以外の時間については、労働者の希望に応じて、原則、副業・兼業を認める方向で検討することが求められる。

と記されています。副業・兼業を行うことのメリットはさまざまですが、社員としては離職せずとも別の仕事を経験できること、そして新たなスキル・経験を得ることで主体的なキャリア形成につながることや、新しい人脈形成の可能性が広がること、本業を持ちつつ自分がやりたいことに挑戦することで自己実現の追求や所得が増加することがあります。何よりも、２０２３年10月に公開されたパーソル総合研究所の「第三回 副業の実態・意識に関する定量調査結果」の調査結果でもわかるように、本業へのプラス効果が期待できます。

・副業からの学びによる効果（メリット）は、何らかの効果があった割合は7割弱、「視野の拡大（30・4％）」が最も高く、次いで「業務で役立つスキル・知識の獲得（19・0％）」「モチベーション向上（18・8％）」が続く。
・副業の仕事内容と学びによる効果との関係性では、「本業とやや関係がある」副業を行っている正社員で最も学び効果が高い傾向がある。
・副業者と接することで何らかの効果があった本業先メンバーは61・7％。「視野の拡大（25・１％）」「経験がないことへのチャレンジ意欲向上（14・７％）」「変化を前向きに捉えること（14・３％）」が高い。

こうした結果もあり、副業・兼業の実施者以外にも本業の周囲メンバーへのよい影響が確認されています。一方で、副業・兼業の課題としては、労務時間管理、健康管理が挙げられます。就業時間が長くなる可能性があり、自分自身での就業時間や健康管理が大切になります。

このときに、副業・兼業によってすでに行っている仕事に支障が生じないようにします。本業と副業・兼業それぞれで知り得た業務上の秘密情報を漏らさないことなどに留意する必要性もあります。厚生労働省のホームページの、「副業・兼業に取り組む企業の事例」が参考になります。

本業以外の仕事が社内なのか、社外なのかの違いで、「社内インターンシップ」「社内兼業」、あるいは「社外兼業」「外部出向制度」「他社留学制度」などのしくみがあります。転職エージェント会社などでは、副業・兼業先、出向先のマッチングや紹介サービスを提供していますし、社員が自ら見つけてきた先に兼業・出向することを認める企業もあります。

副業・兼業のような、今の仕事や所属組織の枠を越えて学ぶことを「越境学習」と呼んでいます。越境学習は「知の探索」によるイノベーションや、自己の価値観や想いを再確認する内省の効果が期待されています。また、法政大学大学院の石山恒貴教授は、越境学習を「自分にとってのホームとアウェイを行き来することによる学び」と、定義しています。

❖知るしくみ

さて、「知るしくみ」についても、簡単にまとめておきましょう。

社内公募制度の説明でも述べましたが、応募先の仕事の内容などの情報を手に入れることができるしくみが重要です。募集部署・業務以外にも、全社的に仕事の内容を開示することが、社員1人ひとりが希望のキャリア形成を行う手助けとなります。

社内サイトの組織図からその部署の説明資料にアクセスできるしくみなどがあれば、公募の時期にかかわらず、関心がある仕事の情報入手が可能となります。また、ジョブ型人事制度を導入している大手企業では、会社のすべてのポジションの職務内容、職務に求められる能力要件や知識などを記載したジョブ・ディスクリプション（職務記述書）を作成し、全社員に公開しています。

第7章

「人が育つキャリア」研修とは?

1人ひとりのキャリア自律・自立を促すために

労働力不足や人材の流動化、さらには組織の持続的成長の観点から人材への投資の重要度が増している中で、「個人のキャリア支援にどのように取り組んでいくのか」を整理する目的が本書のテーマの1つとしてありました。

個人の側にも「一生を通して1社で勤め上げる働き方」から「数社、マルチステージのキャリアを意識する働き方」へ意識を変える必要が生まれています。キャリアに関する理論も、これまでの右肩上がりに階段をのぼる直線型の考え方から、パッチワークのように、多様な経験を次第に重ね合わせて広げ、行動しながらその都度振り返り、柔軟に修正・対応するようになってきました。

変化する環境に適応する力「キャリア適応力」を育成する方向へと、キャリアの概念は次第にシフトしていることを意識しながら述べてきました。

社会労働環境の大きな変化に伴い、個々の社員に対し組織からは会社に依存せず「キャリア・オーナーシップ意識」を持ち、自分のキャリアを会社に預けず、自律的に考え行動することを求められています。

こうした変化をベースにいよいよ最終章では、社員の「キャリア・オーナーシップ」意識を強化し、「キャリア自律・自立」を促すために、どのような環境づくりが必要か、皆さんと一緒に教育・研修の視点から考えてみることにしましょう。

1 変わりつつある「キャリア意識を育てる」制度

日本では長いこと新卒一括採用を行い、白紙状態の若い社員を一から入社後に教育、研修し、その時々の経営方針や経営戦略に基づき、会社都合で社員の能力適性を考えてきました。自在に適材適所に配置し、異動させ、会社を経営し発展させてきたのです。

社員は会社や上司からの一方的な指示・命令に従い、大部分の時間や人生を会社に預け、組織に貢献するために一生懸命働くことは社員として当然であると考えてきました。そのため自ら「自分はいったい何をしたいのか」など、キャリア目標を達成するために、自律的に行動するようなことは、ほとんどなかったのが実情です。

しかし、労働環境は大きく変容しました。キャリアを会社に預けることなく、自分の人材価値をさらに高め、社外の市場においても通用し、雇用されるに値する価値ある「自立型人材」になることが働く1人ひとりに求められています。

これまで自立した「個」が育っていなかった（育ててこなかった）組織に人材戦略としてキャリア理論が導入され、それ以来、「キャリア自律」意識の醸成を目的とした教育・研修が盛んに行われています。社員を「育てる」から社員が「自ら育つ」のように、環境をいかに整えるかが課題です。そこで社員のキャリア自律をバックアップするための人事制度のしくみや教育・研修として、「キャリア研修」「キャリア面談」「キャリア公募制度」「キャリア相談室」の設置などが導入されるようになったのです。

同時に価値観の多様化やニーズの変化に伴い、在宅ワークなど「働き方改革」も導入され、社員のキャリア形成プロセスも一律ではなくなりました。環境変化に加え、個々の価値観や働き方やその目的の相違が、「キャリア形成」にも反映されるようになったのです。

2 キャリア研修の目的を明らかにしよう

企業において「キャリア研修」は、近年広く盛んに行われています。20代の若年層からミドルシニア層（50〜60代）に至るまで忙しい日常業務から完全に離れ、いったん立ち止まり、キャリアとじっくり自己対峙し、今後のキャリアについて考え、具体的な行動計画を練る研修のことです。

キャリア研修は、キャリア（ライフ）ステージの節目、たとえば20代、30代、40代、50代ごとに実施するのが一般的です。多忙な業務に日々流されていると、キャリアについて考える余裕もなく、気づけばあっという間に5年、10年が過ぎていきます。このような状況では社員は将来のありたい自分の目標を意識し、日ごろから準備し行動することは、なかなかできないのが実態です。

❖キャリア研修では過去、現在、未来を展望する

それを解決する策としてキャリア研修があります。キャリア研修の主な内容としては、

①学校卒業以来の歩み、「過去」のキャリアを振り返る——社会人になって成長したこと、やりがいを感じたこと、苦労したこと、そこから習得したスキル・知識経験など。
②自分と対峙し、現在のライフ・キャリアの役割・責任・課題を整理する——組織や上司、周囲から期待されていることは何か、強み・売り、弱みは何か。
③将来、未来のありたい姿、将来像を想定する——ありたい自分、やりたいこと、実現したいことを具体的に考える。

④将来のキャリア目標を実現する——目標の実現に向けて、具体的に準備することは何か、やるべきことは何か、その行動計画（短期、中期、長期目標と達成計画）を立てる。

⑤将来のキャリアデザイン（設計）をする——これからのキャリアデザインは、ライフ面も合わせて統合的に行う。

以上が一般的な研修の流れです。

(1) グループでの意見交換をする

キャリア研修には、ほぼ同世代が集まります。研修は講師のキャリア開発やキャリア形成に関する話を単に受け身で聴くのではなく、テーマに沿って4〜5人のグループメンバーと意見交換を行いながら進行することがポイントです。同世代の他の人たちは、キャリアに対してどのように考えているのか、日々どのように働いているのか、何にやりがいを感じ、どのような苦労をしているのかなど、グループ内でお互いにありのままを発表し合い、意見交換をしながら研修を進めます。

テーマごとに自分のことを語り、他のメンバーの発表にも耳を傾ける過程の中で、それぞれに多様な「気づき」や発見があります。たとえば「それぞれ職場で努力して一生懸命働き頑張っているんだな」「悩み苦しんでいるのは私だけではなくて、悩み、不安を抱えながらも誰もが頑張っているんだ」「他の人もいろいろな夢を持ち、目標を持っているんだな」「自分も将来の夢に向けて頑張ろう」などの気づきが得られます。

研修の中では、グループメンバーと一緒に自分を見つめ直し、キャリアについて語り合うことは各自の「心の中にある感情や思いを言語化する」ことであり、「そう話している自分に気づく」ことにつながります。こうした「気づき」から主体的な変化が次第に生まれてきます。「深い自己への気づきや変化を促す」研修効果もあり、今後のキャリア形成に大きな影響を与えます。

⑵ 周囲からのフィードバック

自身を客観的に捉えて他者の視点からも自己理解を深めることは、キャリア形成にとって効果的です。研修では「周囲からのフィードバック」を次の3項目に関して行うといいでしょう。

①あなたの良い点（強味）、これからもさらに磨き、強化して伸ばしたいこと。
②あなたが改善すると、さらに良い点（弱みや課題）。

③今後のあなたに期待していること（期待）。

自分の強み・弱みなどについて、周囲からのフィードバックにより気づくことができ、改めて別の角度から自己理解を深める機会となります。フィードバックを受けたうえで今後のキャリア形成に関しては、

①何をさらに強化し、伸ばしたらいいか。
②何を改善することが必要か。

などの課題について整理します。

(3)「ミドルシニア」のキャリア研修をどうするか

組織ではこれまで、キャリア研修の対象者は主に若手〜中堅層（20代〜40代）でした。この年代層の社員には、中長期的な視点から今後のキャリアを自律的に設計し、目標を持ってもらい、主体的に行動しリーダーシップをとることが期待されているからです。

しかし、最近では同時に、定年年齢の引き上げ、60歳定年後も雇用延長し、65歳まで長く

働きたいアクティブなシニア層が増加しています。こうした変化を受けて企業は、50代の初期にキャリア研修を実施することにより、今後、10〜15年間の最終キャリアの働き方・生き方を描いてもらい、50代以降の人たちの意識をさらに活性化する試みをはじめています。

この層は日本経済の成長とバブルの崩壊、リーマンショックなどを体験している世代です。時代の要請に応じて今まで、企業と一心同体で頑張ってきました。一方で、自らのキャリア形成を自律的に考え、計画して行動してきたことは、ほとんどない傾向があります。しかし、パッチワークのように多様な経験を重ね合わせて広げることが求められるようになり、こうした働き方は社会のニーズにそぐわなくなってきています。そのため研修では最終のキャリア・ステージだけではなく、組織を出たあとのライフ・キャリアや生涯キャリアに関しても、研修を通して今後の展望や方向性を考えることを促します。

50歳以降も研修を体験することにより、どのように元気で継続して働き、いかに最後までやりがいを持って組織に貢献するか。さらに、65歳（または70歳）までの長い豊かな経験を活かし、どのようなことを次世代に継承していくかを考えるいい機会になることでしょう。

⑷研修後のフォロー面談のポイント

キャリア研修のあとには可能な限り研修参加者に対し、個別のキャリア面談（1 on 1）が

実施されると効果的です。改めて研修を受けて、

①何を感じ、どのような気づきがあったのか。
②今後のキャリア目標をどこに、どのように設定したのか。
③目標達成のために、具体的にやるべきこと、行動計画をどのように立てるか。

これらを再度確認し、キャリアカウンセラーと一緒に今後の具体的な計画や方策を考えます。内省しながら、疑問点があれば必要に応じて情報提供や助言・指導を行います。キャリア・ステージごとに仕事から離れ自己対峙を行うため、キャリア研修の実施は社員の「キャリア意識」を強化し、「キャリア自律」を促すとともに、「やるべきこと・自己啓発行動」を明確化します。周囲からのフィードバックを参考に自分は周囲からどのように捉えられ、何を求められているか、具体的な自己啓発課題を明らかにし、周囲からの期待に応えるためのモベーションの向上を図ることも研修目標になるでしょう。

職場での具体的な役割や責任、人間関係、顧客との関係などに関して悩みや葛藤があるときなどは、必要に応じて現場の上司との連携、人事との連携も必要ですが、このような場合には相談者本人の了解を得ることが欠かせません。

3 キャリア・ステージに応じた「キャリア研修」の進め方

❖20代のキャリア研修

20代は社会で働きはじめたばかりの年代で、未経験なことがたくさんあるでしょう。そこでキャリア上の課題は、上司から与えられた業務、役割・責任を確実に果たしながら、業務遂行の基本姿勢・態度、基本的ビジネス・スキル（知識、行動）を身につけることです。また、上司や先輩、職場で期待される「役割・使命」を確実に果たすことにより、周囲から信頼を得ることを意識した積極的な行動が求められます。キャリア研修では、20代のうちに取り組むべき課題を明確にし、見える化していきます。たとえば、

①周囲から期待されることは何か。
②自分の役割・責任を明確化する。
③20代の今、一生懸命与えられた業務を遂行することで、「習得できるスキル・知識・経験・人脈」には何があるか。

④その中で、今後のキャリア形成の土台となる大切なものは何か。
⑤そのために20代にやるべきことは何か。

などの整理を行います。同時に、

⑥担当業務を行ううえで、不足しているスキル・知識・行動は何か。改善点は何か。
⑦補完すべき自己啓発課題は何か。
⑧やるべき具体的な行動計画を立て、いかに実行するか。

これらの課題を明らかにすることが必要です。また、20代のキャリア研修では、自分が将来なりたいロールモデルの先輩（上司）などを、あらかじめ事前に決め、用意した共通の質問を用いながら、ロールモデルに対して行います。そのインタビュー結果をグループ内で発表し合い共有する「フィールド・ワーク」を含んだプログラムも有効です。ロールモデルに対する主なインタビューの質問例としては、次のようなものがあります。

①何を大切にこれまで働いてきましたか。

②これまでに苦労したことは何ですか。どのようにそれを乗り越えましたか。
③人間関係で一番大切にしていることは何ですか。
④後輩に一番伝えたいことは何ですか。
⑤今後、どのような人材になりたいですか、そのために努力していることは何ですか。

各自がインタビューした内容を整理し、冊子にまとめ全員で共有することもできます。この他にも、次のような研修があります。

(1) 入社間もない社員向け

新たに社会人となった社員を対象とした研修では何よりも、「リアリティ・ショック」を軽減し、新しい環境、役割、生活に慣れ、人間関係を構築することが主目的となるでしょう。組織の要求と自身の希望をどのように適合していくか、環境への適応力を意識させることも大切となります。さらに、キャリアに関する社内支援制度概要なども含めます。

(2) 入社後1年程度が経過した社員向け

入社してどのような経験をしたのか、どのようなことを身につけることができるようになったのかなどのCan（リソース）の振り返りを通じて自身の成長を確認したり、課題を認識する機会となります。人事担当者やキャリアカウンセラーは準備段階から、参加者同士の意見交換を通じて、相互の刺激につながるように意識します。

「こんなはずではなかった」といった、会社の不満から早期離職につながる時期でもあります。全体での研修に加えて1人ひとりと面談を行い、その人の置かれた状況や悩みを引き出し支援するきっかけとしても利用できます。

(3) 入社3、4年程度経過した社員（新卒入社で25～29歳）向け

社員のキャリアサイクルの段階では、「キャリア中期」の入口段階となります。会社や組織にも慣れて、「新たなメンバー」から、徐々に「中堅メンバー」に成長していく時期です。この年齢は結婚や出産などライフ・イベントを経験している社員もまだ少ないので、皆で集まる研修は行いやすい時期かもしれません。

会社の中で、これからどのようにキャリアを形成していくのか、どのようなことを期待される存在になりたいのか、中長期のキャリア・プランを考えることが重要となります。将来像に向けて足元の状態を確認し、この1年間はどのような課題に取り組むのか、スキルや能力を伸ばすのかといった中長期目標から短期的な目標に落とし込むことができれば、行動変

容につながります。「一度決めた目標は変えることができない」などと固定的な考えよりも、「まずは一歩を踏み出す」支援をすることが大切です。

社内、社外の学びのツールを周知して、若い頃から「学ぶ習慣」をつける環境も支援者としては整えるように気を配ります。「マナパス〜社会人の大学等での学びを応援するサイト〜」(https://manapass.jp/)が参考になります。

❖30代のキャリア研修

30代は組織の中では中堅社員に次第に移行し、自ら考えで判断し行動するといった独り立ちの時期でもあります。中堅として職場で果たすべき役割・責任も増えて重くなります。上司から責任ある役割を指示され、仕事の幅も広がり、確実な成長が求められます。一段上のステップに上がる大切なキャリア・ステージを迎えます。

たとえば、ＯＪＴなどを通して後輩の基礎教育、訓練、加えて中堅として上司の業務を補佐する、職場で後輩をまとめ引っ張るサブリーダーとしての役割、プロジェクトの先輩リーダーを補佐する大切な役割なども担うようになります。対外的にもこの時期は、上司に替わり臨機応変に対応し、外部からの信頼も得ることが必要になります。役割を通して自分の強みや専門性を強化する大事なステージでもあります。

また、プライベート面では、特に変化の多い時期です。一般的には結婚、家庭を持ち、子どもの誕生とともに育児の役割が新たに加わります。特に、女性の場合、30代は「妊娠、出産、育児休業」などのライフ・イベントの影響がキャリア形成に大きな影響や変化をもたらし、時にはキャリア形成への大きな障壁や課題にもなり、悩みや葛藤も生じる時期です。そのため、キャリアと家庭生活の両立の悩みをさまざま抱える人も次第に多くなります。

たとえば、保育園への入園（希望通りの保育園に子どもを預けることができない）、小学校1年生の壁（安心して通わせることができる学童保育が近所にない）なども存在し、30代は「キャリアと育児の両立」の葛藤に悩む女性が少なくありません。そのためキャリアの岐路に立ち悩み、葛藤する相談ケースも多いのが実態です。

30代のキャリア研修も同世代の研修を通してグループ内で多様な意見交換を行い、同じ立場から人生の見直し、キャリア発達ステージ上の立ち位置や課題の再確認が行われます。そして30代以降の次のキャリア・ステージを展望しながら、現在時点で抱える課題をいかに乗り越え、40代のキャリアへ向けての礎を創造するのか、ライフ・ステージの課題にも的を絞り展開します。同じ立場におかれたグループメンバー同士で励まし合い、労り合いながらも、30代でやるべきキャリア上の課題を確認することに研修の意味があります。

この世代はライフ面での多様性が、20代と比べて大きく違ってくるわけですが、その影響からキャリアに対する価値観がガラリと変わってくる可能性もあります。「何を大切にしたいのか」などの現在の価値観を掘り下げるために、日ごろの忙しい日々を忘れて、自分に向き合う時間を確保することも、この世代向けのキャリア研修の大きな目的です。

入社時は、どのようなことを目指していたのか、どのようなキャリアを描こうと思っていたのか、など思い出すことも大切です。忙しいと目の前のことにとらわれてしまいますが、視野をこれからのことに向け、将来のことを考える時間とすることです。

実は、ひとりで問題を抱えて悩んでいることも多くあります。キャリア研修の場で、お互いの悩みを共有したり、励まし合い、うまく乗り越えた人の話を聴くことは参考になります。また、これからライフ・イベントが起こる人であれば、参加者のグループメンバーでの話し合いが役立つことは先に述べた通りですが、自分ひとりではなく、サポートする人が必ずいること、自分ひとりですべてをやらないといけないと考えるのではなく、周囲を巻き込むことを覚えていくことができるようになります。このような考え方がキャリアの次のステージに生きてきます。

❖管理職と非管理職の研修

キャリア上の課題は、「キャリア・ステージ」「ライフ・ステージ」により個々に異なります。

たとえば、30代のキャリア・ステージの課題と40代の課題、50代の課題は異なります。そのため年代ごとに分け、キャリア研修を実施しますが、30代や40代になると、たとえ同じ年代層であっても、管理職と非管理職に分かれてくることもあるでしょう。

同じ年齢のステージであっても、キャリア上の社内での役割・責任も違うため、グループに分かれての意見交換を行う場合には、そのテーマや内容がずいぶんと異なります。具体的には、管理職では部下の育成や管理、部門全体の業績のマネジメント、他部署との連携などを管理職の責任として担っている点です。このため両者のグループを分け、別々に実施する必要性があります。

❖40代のキャリア研修

職場において個人差はありますが、40代はそれぞれの部門のライン・マネジメントやリーダーシップを求められます。これまで以上に責任の重いキャリア・ステージを迎え、組織への貢献がさらに問われる立場にもなります。部門の中で、マネジャーやリーダーとして具体的な成果、アウトプットが求められ、結果を厳しく問われてきます。

そのため自身のことよりも、むしろ絶えず職場とメンバー全体を俯瞰し、状況を正しく把握し、課題を判断・決断し、部門として今後の進む方向性と達成目標を明らかにする必要性があります。そして40代はラインのマネジメントのキャリアを選択するか、自分の専門性を選択してスペシャリストとしてのキャリアを選択するのか、２つのキャリアコースに分かれる節目となる場合もあります。

一方、40代では希望しても役付きに昇格できないままに非管理職のままで滞留し、キャリア・プラトー（平坦の高原状態）になり、モチベーションが次第に低下してくる社員も存在します（シャインのキャリアサイクルの段階では、40歳以降を「非指導者役」「指導者役」と２つに分けています）。このため非管理職の人を対象とした40代のキャリア研修の内容は、モチベーションをうまく維持できない非管理職に合わせて内容を組み立てる配慮も必要です。そのため40代ではグループを管理職と非管理職に分け、研修を実施するほうが、それぞれの力を発揮できる環境づくりに効果的であると考えられます。

また、40代のキャリア研修では３６０度評価のように、周囲からのフィードバックを送ることは大変効果的です。自分はできていると自負していること（例：人の話を傾聴している、周囲に適切なフィードバックを与えている）であっても、部下（周囲）から見ると必ずしもそうではない実態があります。このような課題に自身に気づいてもらうことに、大きな効果があります。フィードバックでは「強み、弱み、期待すること」の3点に分け、周囲からの他者評価コメントを40代に率直に送ることにより、各自の40代のキャリア形成に効果的な影響を与えることができます。

ジョブ型人事制度が導入されている企業などでは、管理職でもこれから非管理職に変わる（もちろん、逆の場合もあるでしょう）可能性が以前よりも高くなるかもしれません。そう考えると、管理職・非管理職と分ける以上に「自分はどのような存在なのか」といった軸を再認識するプログラム内容が、以前にも増して大切になってきているとも言えるでしょう。

❖50代と50代以降のキャリア研修

これまで50代は、キャリアのラストステージと考えられていました。日本の定年制度は古くは55歳、現在でも60歳定年制の企業が多いことも背景にあります。このため50歳でのキャリア研修は特には不要であると、一般的には考えられていました。しかし、最近では、100年人生を見据え、定年年齢の引き上げ（65歳、70歳）や雇用延長をし、50歳からも今後、10年、20年継続して働くことを希望する人が増加しています。

50代初期は仕切り直しの意味もあり、キャリア研修を実施し、再度50代社員をテコ入れし、エンパワーすることが欠かせないという認識が持たれています。特に50代後半では、役職定年を迎えて役職を降り、部下が上司となる状況においても、やる気・意欲をこれまでと同様に維持し、豊かな職業経験を活かして後進を育て、組織に貢献することが期待されるように

なっています。そこで、50歳のキャリア研修では、残された時間を意識し、

①定年前に組織に残したいことは何か。
②後進に継承したいことは何か。
③「自分から会社の仕事を取ったときには何が残るか。

これらの問いに対しても考えていく必要があります。日本では会社の仕事を自分から取り除いたら何もないと、将来に不安を感じる50代が多いようです。研修では、50歳以降にやるべきことを次の3点から整理します。

①維持することは何か。
②改善することは何か。
③新たに獲得することは何か。

キャリア研修では、お互いに発表し合いながら、グループ内で情報交換を積極的に行います。そして50歳以降の過ごし方を見据え、今から準備すること、やるべきことは何か、具体

的行動を明確化します。

企業側の視点として50代の研修では、定年までや定年後に雇用延長で同じ会社で働く場合などを見据え、「現在の会社での仕事にどのように向き合うのか」の観点は重要であるのは言うまでもありません。一方で、社員1人ひとりのことを考えると、仕事・ワークのみを研修テーマとして取り扱うのは、十分とは言えないでしょう。

50代研修のテーマとして、もう1つ大切なことは、「定年前、定年以降を通して、どのように過ごすのか、生きるのか」といった「ライフ面」となります。本人や配偶者の親の介護が大きな悩みとなる場合もあるでしょうし、本人や家族の病気治療の問題を抱える方もいます。年金に対する不安も根強いものがあります。ライフ面に関することは、多くの人が参加する研修の場面では、なかなか打ち明けられないものです。そのため他の年代層に比べても、個別のフォロー面談の重要性が高まると考えておきます。

セルフ・キャリアドックは、従業員のキャリア形成を促進・支援することを目的として、定期的なキャリアカウンセリングとキャリア研修などを組み合わせて行う組織的なしくみのことです。

セルフ・キャリアドックは最終的に、個人と組織が「ｗｉｎ－ｗｉｎの関係」になることを目指しています。個人（社員・労働者）が元気になり、組織が活性される状態を目指します。そのためには、個人が望む状態、希望する仕事、働き方に向かって、個人が行動し、組織が支えることが大切です。中長期的な視点で、個人１人ひとりが自己のキャリアビジョンを描き、その達成のために職業生活の節目での自己点検や実践に活用する取り組みプロセスを提供するしくみが、セルフ・キャリアドックです。この導入で期待される効果は、

①個人がキャリアの目標を明確化し、仕事の目的意識を高め、計画的な能力開発に取り組むことで、仕事を通じた継続的な成長を促し、働くことの満足度の向上につながる。

②企業としても、人材の定着や従業員の意識向上が、組織の活性化につながり、生産性の向上への寄与などの効果が期待される。

と考えられています。

セルフ・キャリアドックの導入支援は、「キャリア形成・学び直し支援センター」が無料で行っています。セルフ・キャリアドック導入についての詳細は、厚労省ＨＰや『セルフ・キャリアドック入門』（高橋浩・増井一著、金子書房）に詳しく書かれています。

おわりに　「キャリア支援者のキャリア開発、キャリア自律」のためのガイドブックに

最後までお読みいただきありがとうございました。

拙著は、主にキャリア支援者や人事パーソン向けに書きました。

社会労働環境の大きな変化に伴い、ある時期、会社から急にキャリア自律やキャリア・オーナーシップを求められ、自分のキャリアに対する戸惑いや不安を感じ、キャリア支援を求める人たちが増えてきました。

キャリア自律を支援するためのインフラとして会社は、人事制度（自己申告制度、キャリア面談制度、公募やＦＡ制度、越境学習や副業など）を整備し、会社や上司が主導して「人を育てる」から、働く人自身が将来の方向性を考え、キャリアを自ら切り開き「自らを育てる」方向へと、社会や企業は大きく舵を切ってきました。また、教育機関においても生徒や学生にキャリア教育を実施し、将来のキャリア目標を考えながら学習し、そのためには何を今から学び、準備するかについて考えさせるための教育を実施するようになりました。

こうした大きな環境変化と流れの中で、厚生労働省はキャリア支援の専門家としてキャリアコンサルタントを国家資格化（２０１６）しました。その後、国家資格を有するキャリアコンサルタントの数は、年々増え続けています。しかし、キャリア支援の専門家としてのキ

ャリアコンサルタントの量は確実に増え続けていますが、キャリア支援者としての質、質的な向上に関しては現実的には、まだまださまざまな問題や課題が多いのが実態です。

また、筆者はキャリアコンサルタントが実際に担当した相談事例に関するスーパービジョンを実施する機会が多いのですが、たとえ国家資格を有していても十分な実力をだれもが備えているとは、必ずしも言えないのが実情です。短期間（約3カ月）で実施するキャリアコンサルタントの養成講座にも、さまざまな課題があるように思えます。

そのため、相談者のキャリア支援を行う支援者の質的向上をさらに図るためには、その道を照らし、導き、学びを深めるための適切な参考文献やガイドブックがどうしても必要であるという問題意識を常々持ってきました。それは、キャリア理論も時代背景に従って変化し、その具体的なキャリア支援の方法もいろいろ変化しているからです。

相談者に対し、質の高いキャリア支援を提供するために何よりもまず大切なことは、キャリア支援者自身が継続的に学び、自己研鑽を怠らないことです。言い換えればキャリア支援者自身のキャリア開発、キャリア自律であると言えます。キャリア支援の仕事は非常に責任の重い仕事です。キャリアの岐路（人生の岐路）に立つ相談者を支援することは、相談者のその後のキャリア（人生）を左右し、将来に大きな影響を与える大切な仕事だからです。

アメリカのキャリア心理学者のH.B.Gelatt（ジェラット）は、次のように述べています。「生涯成長し発展し続けるための未来への最大の戦略は、生涯にわたり学び続けることである」。スピードが速く大きく絶えず変化し続ける現代の労働環境に伴い、働く人々の労働（人生）に対する価値観やキャリア意識の多様化に柔軟に合わせ、効果的なキャリア支援を提供し、相談者の真の役に立つ質の高い支援者であるためには、継続的な学びが欠かせません。単なる支援者自身の自己成長ためだけではなく、同時に支援の対象である相談者のために学び続けることが欠かせません。この学びに終わりはありません。

そのためには、キャリア支援者として絶えず自分と向き合い対峙し、今後のキャリア形成について支援者自身が深く内省し考えることが必要です。自己のキャリアに向き合っていないような支援者が、どうして効果的なキャリア支援を提供できるでしょうか。個々の相談者の大切なキャリアの節目や岐路に立ち合い、真摯に向き合い、効果的なキャリア支援を行うことにより、将来、相談者から「あのときキャリア支援者から、本当に質の高いキャリア支援を受けることができたために、今日の私がある」と言ってもらえるようなキャリア支援者であってほしいと願っています。

そのために、拙著がキャリア支援者としての皆様のお役にたてること、さらなる成長や質の向上のための学びの書として、役立てていただけますことを願っております。

共著者である小山裕司さんには、長きにわたる企業におけるキャリア支援者として豊富な実務経験をもとに、事例をまじえてご執筆いただきましたことを感謝申しあげます。また、編集者として執筆の過程に常に温かく寄り添い、貴重なご助言やヒント・アイデアをいただきました生産性出版の村上直子さんには、大変お世話になりましたことをお礼申し上げます。

宮城 まり子

◉著者プロフィール

宮城　まり子（みやぎ・まりこ）

早稲田大学大学院文学研究科心理学専攻修士課程修了、立正大学心理学部臨床心理学科教授、法政大学キャリアデザイン学部・大学院キャリアデザイン学研究科教授を経て、現在キャリア心理学研究所代表。大学教員と並行して病院臨床、産業領域のカウンセリングを担当。カリフォルニア州立大学大学院にてキャリアカウンセリングを研究留学。現在は日本キャリアカウンセリング学会名誉会長、キャリアコンサルタントの養成、スーパービジョン、企業におけるキャリア支援などを幅広く担当。主著『キャリアカウンセリング』『ナラテイブ・キャリアカウンセリング』『リーダーの仕事力を高める 7つの心理学』『基礎からはじめる 職場のメンタルヘルス』ほか多数。

小山　裕司（こやま・ゆうじ）

一橋大学商学部卒業後、大手金融機関に入社。人事部門所属のキャリアコンサルタントとして、入社直後の若手、育児などの両立者、ミドル・シニアなど幅広い社員のキャリアの悩みに向き合う。企業領域のキャリア専門家として、数多くのキャリア研修や傾聴スキル向上ワークショップの企画・講師を経験し、組織との協業を進める。独立後の現在は、セミナー講師や傾聴指導の他、サード・エイジ ラボ代表として、50歳以降を第2の成長期として捉えたミドル・シニアのキャリアをテーマに活動。

キャリア支援者・人事パーソンのための

未来を拓くキャリア支援入門

2024年12月5日　初版　第1刷発行

著　者	宮城 まり子　小山 裕司
発行者	髙松 克弘
編集担当	村上 直子
発行所	生産性出版
	〒102-8643　東京都千代田区平河町 2-13-12
	日本生産性本部
電　話	03-3511-4034
	https://www.jpc-net.jp/
印刷・製本	シナノパブリッシングプレス
装丁デザイン	tobufune　小口翔平＋神田つぐみ
表紙画	どいせな
本文デザイン・図版	齋藤 稔（G-RAM inc）
D T P	齋藤 維吹
校　閲	梶原 雄

乱丁・落丁は生産性出版までお送りください。お取替えいたします。

ISBN 978-4-8201-2160-2　C2034